AF509534

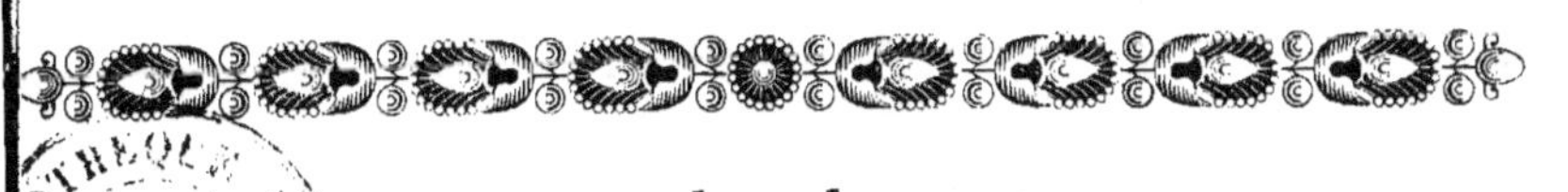

THÉRÈSE,

ou
L'ORPHELINE DE GENÈVE,

MÉLODRAME EN TROIS ACTES,

PAR

M. VICTOR;

Représenté pour la première fois, à Paris, sur le théâtre de l'Ambigu-Comique, le 23 novembre 1820.

DISTRIBUTION DE LA PIÈCE:

Mᵐᵉ DE SÉNANGE, dame du château de ce nom, veuve.............................. Mˡˡᵉ LÉVESQUE.
CHARLES DE SÉNANGE, fils de Mᵐᵉ de Sénange.. M. GOBERT.
THÉRÈSE, sous le nom d'HENRIETTE, orpheline... Mᵐᵉ VSANNAS PICARD.
EGERTHON, ministre protestant.............. M. FRÉNOY.
VALTHER, Genevois..................... M. STOKLEIT fils.
PICARD, ancien intendant................ M. RAFFILE.
MATHURIN, fermier..................... M. KLEIN.
BRIGITE, femme de Mathurin, fermière........ Mˡˡᵉ PALMYRE.
NANETTE, servante de Brigite.............. Mˡˡᵉ ADAM.
DOMESTIQUES.
VILLAGEOIS.

ACTE PREMIER.

Le théâtre représente le jardin du château de Sénange. Il est fermé au fond par une grille qui s'ouvre dans la partie du milieu. A droite de l'acteur est une des faces latérales du château, avec un perron orné de vases; à gauche, une petite porte conduisant au verger; près de l'avant-scène, une charmille avec un petit banc de jardin. — Le fond, derrière la grille, offre un site agréable.

SCÈNE I.

MATHURIN, PICARD.

(Picard et Mathurin sortent du château.)

MATHURIN, sur le perron et parlant à la cantonade.

Laissez mon âne à la grande porte. N'ayez pas peur, il ne se sauvera pas. J'vas dans l'verger avec monsieur Picard, pour prendre queuques paniers de prunes. (Venant à Picard, qui prend une prise.) C'est donc vrai, monsieur Picard, ce que vous m'avez dit là?

PICARD.

Oui, mon cher Mathurin; madame de Sénange revient aujourd'hui au château avec M. Charles; nous avons reçu, mademoiselle Henriette et moi, des lettres de Lausanne, qui nous apprennent ce prompt retour.

MATHURIN.

En c'cas-là, père Picard, j'allons laisser les prunes, et j'm'en r'tournons ben vite à la ferme; parceque, voyez-vous, pour venir de Lausanne au château d'Sénange, y faut passer par l'village. Madame s'arrêtera cheux nous; j'sommes ses fermiers, et Brigite, qui n'sait pas ça, s'rait tout ahurie, et n'la r'cevrait p'têt' pas comme y faut.

PICARD.

Ne vous flattez point de cela, mon cher Mathurin; ce n'est pas sans motif que madame revient si promptement, et je ne crois pas du tout qu'elle s'arrête à votre ferme.

MATHURIN.

Bah! qui vous dit ça? C'est fête cheux nous, on dansera dans not' grange; et puis, monsieu

Picard, vous savez qu' madame aime tant not'
pays! Dame! faut bien qu'alle l'aime d' préfé-
rence à son château et à sa belle maison d' Lausanne, puisqu'alle s'est réservé tout exprès,
pour alle et pour monsieur son fils, un p'tit
corps-de-logis en face d' not' grange, pas plus
grand que rien du tout, seul'ment pour avoir
le plaisir d' coucher à la ferme, et d' boire
l' matin du lait tout chaud d' nos vaches, quand
alle va à Lausanne, ou bien quand alle en
r'vient; par ainsi, alle pourrait bien, quoi
qu' vous en pensiez, rester cheux nous jusqu'à
d' main; d'autant plus, comme j' vous l' disais,
qu' c'est fête au pays.

PICARD.

Vous êtes d'une obstination!... tenez, écoutez ce que dit cette lettre... Je l'ai justement sur
moi, et mes lunettes aussi. « Lausanne... » C'est
d'hier.

MATHURIN.

J' vois bien.

PICARD.

« Qu'à onze heures précises, Jacques... » (S'in-
terrompant.) Vous savez, le postillon?

MATHURIN.

Oui, l' gros joufflu.

PICARD.

C'est cela... « Jacques se trouve avec la voiture à la ferme de Mathurin... »

MATHURIN.

A notre ferme... qu'est-ce que je vous disais?

PICARD.

Laissez-moi donc finir... « De Mathurin,
« afin que je puisse renvoyer mon carrosse à
« Lausanne, et me rendre de suite au château,
« où nous arriverons avant midi. »

MATHURIN.

Ah! eh bien, monsieur Picard, ce s'ra pour
eune autre fois, et j' sais ben queuqu'un qui
n' s'ra pas fâché d' ça.

PICARD.

Qui donc?

MATHURIN.

Pardi! mam'selle Henriette.

PICARD.

Chut!

MATHURIN.

Eh bien! d' quoi qu' vous avez peur? personne n' nous entend.

PICARD, mystérieusement.

Il y a du nouveau, mon cher monsieur Mathurin; il y a du nouveau, vous dis-je. Dans les
lettres que j'ai reçues hier, il y en avait une
pour le notaire de Sénange, qui doit se trouver
ici, aujourd'hui, à midi.

MATHURIN.

A midi?

PICARD.

A midi très précis.

MATHURIN.

Ça s'rait-y ben possible qu'à la parfin c'te
charmante demoiselle épousit not' jeune maître?

PICARD.

Ne parlez pas encore de cela.

MATHURIN.

Oh! j' sais ben qu' madame, qu'est riche
d'une grande famille, et un tantinet fière, soit
dit sans médisance, car du reste c'est ben la
meilleure dame du pays, n' verrait pas c' ma-
riage-là d'aussi bon œil qu' nous autres. Eune
jeune orpheline, qu'on n' sait pas à qui qu'alle
est, ni, à c' qu'on dit, d'où qu'alle vient.

PICARD.

Paix donc, paix donc, Mathurin; je vous
dis qu'il y a du nouveau, c'est tout ce que je
puis vous dire pour le moment, parceque je
n'en sais pas davantage.

MATHURIN.

Eh bien! foi d'homme, monsieur Picard,
j' donnerais d' bon cœur cent écus pour voir
c'te noce-là, quand ça n' s'rait, voyez-vous,
qu' pour faire enrager un brin ma femme, qui
m' chante du matin au soir : C't' amour-là finira
mal... c'est eune fille qui n'a ni père ni mère...
c'est p'têt' ci, c'est p'têt' ça... enfin c'est tout
c' qui lui passe par la fantaisie. Moi, savez-vous
c' que j' réponds à tout ça? Mam'selle Henriette est une belle fille; ben douce, ben sage,
et jarni, d'la beauté, d'la douceur et d'la
sagesse, ça remplace ben, dans une femme,
des parents et des écus.

PICARD.

C'est bon, c'est bon. Mon Dieu, voilà
soixante ans que je sais tout cela par cœur.
Mais, voyez-vous, mon cher Mathurin, des
écus sont toujours des écus; au lieu que la
beauté, et même quelquefois la sagesse... avec
le temps... Au reste... enfin... dans tous les
cas...

MATHURIN, tirant sa montre d'argent.

Comme vous le dites... avec le temps... au
reste... et puis dans tous les cas... aussi bien,
quant à c' qu'est de nous... Diable! déja dix
heures! adieu, père Picard, j'ai eune bonne
lieue d'ici à la ferme.

PICARD.

Et vos prunes?

MATHURIN.

Ce s'ra pour un autre voyage; et t'nez, si
vous voulez m'ouvrir seulement la grille...

PICARD.

De tout mon cœur; je vais vous conduire
jusqu'à la grande porte où votre âne vous
attend.

MATHURIN.

Ben obligé pour tous les deux, père Picard.

(Picard ouvre la grille et sort avec Mathurin. Pendant
qu'ils s'éloignent en causant, on voit un homme qui
semble chercher à reconnaître où il se trouve; c'est
Valther; il entre par la grille, qui est restée ouverte.)

SCÈNE II.

VALTHER, seul ; il tient des tablettes.

A une lieue du village de Sénange, m'a-t-on dit ; sur la droite, après avoir passé le bois et le petit pont. C'est bien cela, et cette jolie habitation doit être le château de madame de Sénange. Y trouverai-je enfin l'objet de mes recherches, cette Thérèse, qui m'est échappée à Genève, et sur les traces de laquelle je cours en vain depuis huit mois ? Si toutes les informations que j'ai prises, tous les renseignements que le hasard m'a procurés, sont bien exacts, la jeune orpheline à laquelle on donne asile dans ce château pourrait bien être ma fugitive... on l'appelle Henriette... il est tout naturel qu'elle ait changé de nom : elle ne pouvait se faire connaître, son procès a eu trop d'éclat. Mais on dit aussi que Charles, le fils de madame de Sénange, en est éperdument amoureux... si Henriette est en effet Thérèse, cela pourrait nuire à mes projets. Madame de Sénange et son fils sont à Lausanne, m'a-t-on bien assuré ; l'orpheline est sans doute avec eux... tant mieux, je serai plus libre, et, pour peu que je rencontre quelqu'un des gens de la maison, je saurai bientôt à quoi m'en tenir... On vient.

(Picard revient, et en rentrant il ouvre la grille toute grande.)

SCÈNE III.

PICARD, VALTHER.

PICARD, ouvrant la grille.

Il est dix heures passées, je puis laisser la grille ouverte.

VALTHER.

C'est l'une des deux personnes qui causaient ici tout-à-l'heure.

PICARD, venant.

C'est plus commode, et... (Il aperçoit Valther.) Ah ! ah ! quel est cet étranger ? je ne l'ai pas vu entrer, il a donc passé derrière moi ?

VALTHER.

Bonjour, mon ami.

PICARD.

Monsieur, j'ai bien l'honneur de... (A part.) Voilà un ami que je ne connais pas du tout. (Haut.) Qu'est-ce que monsieur demande? après qui cherche-t-il ?

VALTHER.

Monsieur, à ce qu'il me paraît, est attaché à ce château ?

PICARD.

Oui, monsieur; je me nomme Picard, et voilà quarante-trois ans et demi que j'ai l'honneur d'être l'intendant de la maison.

VALTHER.

J'en suis bien aise.

PICARD.

Et moi aussi, monsieur, car c'est une fort bonne place. Pour en revenir à ce que nous disions, qu'est-ce que monsieur demande ?

VALTHER, à part.

On est absent, prenons un prétexte.

PICARD, à part.

Je n'aime point cette figure-là.

VALTHER.

Monsieur Picard, je voudrais présenter mes hommages à madame de Sénange.

PICARD, ôtant son chapeau.

Monsieur connaît madame?... je lui demande infiniment d'excuses ; c'est que je n'ai jamais eu l'honneur de voir monsieur. Madame est absente ainsi que son fils, mais ils doivent revenir au château dans une heure ou deux, et, si monsieur veut les attendre, mademoiselle Henriette lui fera les honneurs de la maison.

VALTHER.

Mademoiselle Henriette ! elle ne suit donc pas madame de Sénange ?

PICARD.

Jamais, monsieur; elle a prié madame de lui permettre de ne point quitter le château ; c'est une jeune personne qui n'aime pas le grand monde, et qui cependant n'y serait pas déplacée.

VALTHER, à part.

Ceci commence à confirmer... (Haut.) Ditesmoi, mon cher monsieur Picard, j'ai beaucoup entendu parler de cette jeune personne ; quel âge peut-elle avoir ?

PICARD, le regardant d'abord.

Mais, autant que cela peut se voir, dix-neuf à vingt ans. (A part.) Cet homme est curieux...

VALTHER, à part.

C'est justement son âge. (Haut.) Elle est jolie ?

PICARD, avec humeur.

On ne peut davantage. (A part.) C'est singulier, si c'était quelque parent !

VALTHER.

Et son pays, sa famille, les connaissez-vous ?

PICARD.

Mais, monsieur, permettez-moi de vous dire, ces questions me semblent bien délicates, et vous me paraissez prendre à mademoiselle Henriette un intérêt qui s'augmente à chaque réponse que j'ai l'honneur de vous faire.

VALTHER.

C'est que chacune de vos réponses accroît cet intérêt.

PICARD, à part.

Ah ! c'est sûrement un parent... Si je pouvais moi-même découvrir... Ne le rudoyons pas.

VALTHER.

Madame de Sénange a donc reçu cette jeune personne sans la connaître?

PICARD.

Sans la connaître, si vous voulez; cependant il y a bien une légère différence. Un jour... je puis vous raconter cela sans indiscrétion, tout le monde ici sait comment elle arriva. Un jour, M. Egerthon, un digne homme, le pasteur de notre église, vint trouver madame et lui raconta, avec la plus vive émotion, qu'une jeune demoiselle étrangère, et qui paraissait bien malheureuse, venait d'arriver à Sénange, à pied, sans guide, épuisée de fatigue et demandant quelques secours pour atteindre Lausanne. Madame, qui est la bonté même, envoya chercher à l'instant cette jeune fille, et lui demanda ce qu'elle allait faire à Lausanne; si elle y avait des parents, des amis. La jeune personne répondit en pleurant qu'elle était seule sur la terre. On ne put rien savoir de plus sur son compte, sinon qu'elle se nommait Henriette, qu'elle était orpheline, Française, que la mort venait de lui enlever sa bienfaitrice, et qu'elle n'avait d'autre espoir, d'autre dessein, en se rendant à Lausanne, que de se placer auprès de quelque famille respectable, à qui ses soins et ses services pourraient être nécessaires. Tout en disant cela, cette jeune demoiselle avait tant de graces, était si intéressante, que madame n'hésita point à la garder au château, où bientôt personne ne put se défendre de la chérir et de la respecter.

VALTHER, à part.

Plus de doute, c'est elle.

PICARD, qui a entendu.

Comment, c'est elle? monsieur connait donc...?

VALTHER.

Je vous remercie, monsieur Picard; les détails que vous m'avez donnés m'ont beaucoup intéressé.

PICARD.

C'est ce qu'il m'a paru. Monsieur est probablement un ami; un parent peut-être de la jeune demoiselle?

VALTHER.

Non.

PICARD.

Comment, non? cependant monsieur m'a fait des questions fort singulières pour un simple étranger, et je ne sais trop ce que je dois penser.

VALTHER.

Rien du tout, monsieur l'intendant. Je vous suis obligé de votre complaisance. (A part.) Je saisirai l'instant de voir Thérèse sans témoins. (Haut.) Adieu, monsieur Picard.

PICARD.

Monsieur n'entre pas au château?

VALTHER.

Vos maîtres sont absents.

PICARD.

Monsieur veut-il que je fasse part à mademoiselle Henriette de l'intérêt qu'il parait prendre à ce qui la concerne?

VALTHER, s'éloignant.

Comme il vous plaira.

PICARD, le suivant.

Mais si monsieur disait son nom?

VALTHER.

Cela n'est pas nécessaire.

PICARD.

Monsieur reviendra-t-il?

VALTHER.

Peut-être.

(Il sort tranquillement, Picard le regarde aller, tout étonné.)

SCÈNE IV.

PICARD, seul.

Par exemple, voilà un homme tout-à-fait singulier, et je me repens beaucoup de lui avoir donné tant d'explications; je croyais qu'il allait se faire connaître, que c'était pour le moins un parent, et qu'il était de mon devoir de... ah! tout cela sonne mal, et dorénavant je me garderai bien... Eh! c'est M. Egerthon.

(Egerthon entre par la grille.)

SCÈNE V.

EGERTHON, PICARD.

EGERTHON.

Bonjour, mon cher monsieur Picard.

PICARD.

Que le ciel soit loué toutes les fois que nous avons le bonheur de vous voir! Madame revient au château.

EGERTHON.

Je le sais.

PICARD.

Bon! qui vous l'a dit?

EGERTHON.

Mademoiselle Henriette, dans un billet que j'ai reçu d'elle hier au soir. Veuillez, mon cher Picard, lui dire que je suis ici.

PICARD.

Ah! mademoiselle vous a écrit!

EGERTHON.

Vous m'obligerez d'aller promptement; elle m'attend.

PICARD.

Je cours la prévenir. (A part.) Allons, allons, il est clair qu'il y a du nouveau: le notaire, le pasteur, tout le monde est averti... (Egerthon lui fait signe.) Je vais, monsieur Egerthon, je vais... (A part en rentrant dans le château.) Tout cela ressemble fort à des préliminaires de mariage: il

n'y a que cet étranger qui me... j'en parlerai à
madame.

(Il rentre tout en parlant.)

SCÈNE VI.
EGERTHON, seul.

Henriette veut me voir ; il faut absolument,
me dit-elle dans son billet, qu'elle me parle
avant l'arrivée de madame de Sénange et de
Charles, son fils. Je crains bien que la jeunesse
et les charmes de cette aimable fille ne soient
devenus pour elle une source de nouveaux chagrins... La voici... chaque jour semble ajouter
à l'intérêt qu'elle m'inspire.

(Thérèse sort du château en regardant si personne ne la
suit, et s'approche ensuite avec vivacité d'Egerthon.)

SCÈNE VII.
THÉRÈSE, EGERTHON.

THÉRÈSE, voulant baiser la main d'Egerthon.

O mon père !... oui, vous m'avez permis de
vous donner ce nom, et jamais mon cœur n'en
a plus vivement éprouvé le besoin.

EGERTHON.

Eh bien ! ma chère enfant, d'où vient le trouble où je vous vois, vous versez des larmes,
vous avez éprouvé quelques nouvelles peines,
et vous avez besoin d'épancher votre cœur?...

THÉRÈSE.

Ah ! monsieur, je ne possède au monde que
votre estime, votre amitié ; si je devais les perdre, je ne résisterais pas à ce dernier malheur.

EGERTHON.

D'où vous vient cette crainte? vous me croyez
donc injuste ?

THÉRÈSE.

Non ! oh non ! quels que soient les aveux
que je suis obligée de vous faire, vous ne me
repousserez pas ! je vous jure que je ne suis pas
coupable !

EGERTHON.

Vous ! mademoiselle... coupable, et de quoi
donc ? non, non, je ne le croirai jamais. Allons,
du courage, parlez-moi sans crainte.

THÉRÈSE, hésitant beaucoup.

M. Charles de Sénange...

(Elle s'arrête en baissant les yeux.)

EGERTHON.

Vous aime, je le sais ; n'en rougissez point,
ma fille ; cet amour vous honore parceque c'est
un hommage qu'on rend à vos vertus autant
qu'à vos attraits ! Cependant je ne l'ai vu nai-
tre, cet amour, qu'avec la plus grande inquiétude, et je n'ai pas osé desirer que votre cœur
y répondît.

THÉRÈSE.

Je ne me suis jamais abusée sur ma situation:
M. Charles ne devait point porter ses regards
sur une infortunée qui n'a reçu la vie que
pour connaître le malheur, et le ciel m'est té-
moin que je n'ai point cherché à mériter son
amour.

EGERTHON.

Cependant vous l'aimez aussi ?

THÉRÈSE.

Je ne l'ai jamais dit.

EGERTHON.

Ainsi M. Charles l'ignore ?

THÉRÈSE, avec embarras.

Je ne le crois pas, monsieur.

EGERTHON.

Je comprends. Et madame de Sénange, comment voit-elle cet amour ?

THÉRÈSE.

Tout devait me persuader qu'elle ne céderait
jamais aux sollicitations de son fils. (Tirant une
lettre de son sein.) Tenez, monsieur, voilà la
lettre que M. Charles m'a écrite... lisez... voyez
combien je pouvais être heureuse !

EGERTHON, parlant en parcourant la lettre des yeux.

Je ne conçois plus rien au motif de vos pleurs.
M. Charles vous adore, il mérite bien votre tendresse ; sa mère vous ouvre les bras. Aujour-
d'hui, tout-à-l'heure, vous devez être fiancée ;
l'amitié, l'amour, la fortune, tout vous sourit
à-la-fois : pourquoi donc vous affliger encore?

THÉRÈSE.

Hélas! jamais je ne fus plus à plaindre. Ma
position devient affreuse ; tous ceux qui s'inté-
ressent à moi vont me haïr, me chasser.

EGERTHON.

Que dites-vous ?

THÉRÈSE.

Je n'ai que vous pour guide, pour appui, je
dois vous dire toute la vérité. Vous me tracerez
ma conduite, et je vous obéirai, dût-il m'en
coûter la vie.

EGERTHON.

Quel est donc ce mystère ?

THÉRÈSE.

Henriette n'est pas mon nom.

EGERTHON, avec sévérité.

Comment?...

THÉRÈSE.

Vous avez sans doute entendu parler d'une
jeune fille de Genève, bien malheureuse, accu-
sée d'un crime affreux, qui fut condamnée au
supplice le plus infamant et à la perte de sa liberté ?

EGERTHON.

D'une jeune fille de Genève ?... En effet, une
orpheline appelée Thérèse fut, il y a quelques
mois, frappée par un jugement... Vous frémissez... ô ciel ! se pourrait-il...?

THÉRÈSE.

Oui, monsieur, je suis Thérèse.

EGERTHON.

Vous !

THÉRÈSE, *se jetant à ses genoux.*

Ah! ne vous éloignez pas, je suis bien innocente.

EGERTHON.

Mademoiselle, relevez-vous. Fussiez-vous même coupable, Dieu pardonne au repentir. Mais comment se fait-il...?

THÉRÈSE.

Daignez m'entendre et vous prononcerez. Je ne vous ai point trompé sur ma naissance : j'ignore quels furent mes parents. A peine au monde, je fus recueillie par la marquise de Ligny; elle m'aima comme une mère, et jamais fille n'éprouva plus de tendresse et plus d'amour. Ses parents, jaloux, s'inquiétèrent; moi, je ne songeais point à l'avenir. La marquise mourut... que ne l'ai-je suivie dans la tombe!... Je me crus abandonnée, car madame de Ligny ne m'avait jamais parlé de sa fortune ni de mon sort. On ouvre son testament. Je n'assistais à cette triste cérémonie que par respect pour sa mémoire. Quelle fut ma surprise et la colère de sa famille, en me voyant instituée seule héritière de tous ses biens, avec la permission de prendre le nom de sa terre principale! Hélas! que ses dons m'ont été funestes! Sa famille, noble, riche, puissante, résolut de me perdre. Je voulus tout abandonner; un monstre, nommé Valther, qui s'offrit pour défendre mes droits, s'y opposa de toutes ses forces. Je le crus; car il avait été pendant bien des années l'ami, le conseil de ma bienfaitrice, et le perfide était vendu à mes ennemis. Je ne vous dirai point quels furent les moyens odieux que l'on mit en usage; ma jeunesse et mon inexpérience ne me permettaient pas de pénétrer ces horreurs. Le testament olographe qui m'instituait seule héritière fut attaqué devant les tribunaux par toute la famille. On prétendit qu'il était faux; on m'accusa d'en être l'auteur; on me peignit sous des couleurs affreuses; on paya des témoins pour m'accuser d'une foule de crimes; hélas! on acheta sans doute aussi la conscience de ceux qu'on n'aurait pu convaincre. Moi, je ne me défendis point; Valther m'avait prescrit le silence. Je ne pus jamais voir mes juges; je ne pus solliciter personne; tous les jours le cruel m'annonçait mon triomphe, et je fus condamnée.

EGERTHON.

Grand Dieu! que m'apprenez-vous! Mais vous ne rappelâtes point de ce jugement?

THÉRÈSE.

Je ne savais rien de ce qu'il fallait faire, et Valther, qui me trompait encore, me fit prendre la fuite, pour échapper à la condamnation. Ce fut alors que j'appris à le connaître, mais il n'était plus temps; mon malheur était consommé. Ce qui m'a toujours étonné de sa part, et ce qui me paraît inexplicable d'après sa conduite, c'est qu'aussitôt que je fus condamnée, il osa me déclarer qu'il m'aimait; et, malgré le jugement qui me frappait, il offrit de m'épouser en pays étranger, et me menaça, si je rejetais ses offres, de me livrer à la justice. Non moins effrayée de son amour que du péril que je courais sans cesse, une nuit je m'échappai de la retraite qu'il m'avait choisie, et que dans mon effroi j'avais cru devoir accepter; je sortis furtivement de Genève; je me dirigeai vers Lausanne, seule, sans argent, sans ressource, n'ayant pour appui que ma conscience, et pour espoir que la bonté du ciel.

EGERTHON.

Infortunée! vous m'avez dit la vérité; le mensonge n'emprunta jamais ce langage. Je vous ai nommée ma fille, par un sentiment de bienveillance que m'inspiraient votre jeunesse et l'abandon où vous étiez; plus que jamais je veux être votre père, Dieu m'en prescrit l'obligation; le ministère que je remplis m'impose la loi sacrée de protéger, de soutenir l'innocence.

THÉRÈSE.

Vous ne m'abandonnerez pas!

EGERTHON.

Jamais!... vous aurez le courage de remplir votre devoir?

THÉRÈSE.

Oui, monsieur. Que faut-il que je fasse?

EGERTHON.

Il faut quitter cette maison.

THÉRÈSE.

Je l'ai prévu.

EGERTHON.

Vous ne pouvez vous nommer sans courir le plus grand danger. Vous ne pouvez également refuser la main de M. de Sénange, sans faire connaître les motifs de ce refus; dans cette alternative difficile, la fuite est votre seul recours.

THÉRÈSE.

Mais, monsieur, c'est aujourd'hui, ce matin, que l'on doit m'engager.

EGERTHON.

Cet engagement n'est qu'une simple formalité... Écoutez-moi... quelque effort qu'il vous en coûte, tâchez, jusqu'à ce soir, de retenir vos larmes, de cacher votre douleur; laissez-vous fiancer... peut-être ne sera-ce pas en vain. Dès cette nuit vous aurez un autre asile. A une lieue tout au plus de Sénange, sur la route de Genève, est le village de Préverange : ma sœur y possède une petite habitation. Ce soir, après l'heure de la prière, venez me joindre à la fontaine des Saules; je vous conduirai chez cette bonne et tendre sœur, je vous laisserai dans ses bras, et je me rendrai moi-même à Genève.

THÉRÈSE.

A Genève!

EGERTHON.

Oui, mademoiselle; celui qui recommande aux autres la vertu doit l'exercer lui-même en démasquant le crime : il n'est jamais trop tard pour faire entendre la vérité; souvent elle n'at-

end, pour sortir des ténèbres, que la voix d'un
homme ferme, et Genève renferma toujours
assez de citoyens vertueux pour que l'innocence
trouve des protecteurs !

THÉRÈSE, couvrant sa main de baisers.

O mon père !...

EGERTHON.

Adieu, ma fille ! du courage ! Soutenez cette
preuve avec la force d'une conscience pure.
Tout espoir n'est pas encore perdu... vous pouvez compter du moins que vous avez un père !

Il retient Thérèse, qui veut se jeter à ses genoux, la conjure de se calmer, et sort précipitamment.)

SCÈNE VIII.

THÉRÈSE, seule.

C'en est donc fait !... il faudra fuir... fuir à
instant où je vais promettre à Charles un
amour éternel ! où je vais lui donner ma foi !...
Hélas ! que pensera-t-il ? les noms les plus odieux,
croira me les devoir ! Tout le monde m'accusera !... tandis que mon cœur déchiré ne battra
que pour lui ... ô Charles ! épargne la pauvre
Thérèse ! le serment qu'elle va te faire, elle le
tiendra jusqu'au tombeau ! elle t'aimera jusqu'au
dernier soupir ! (Du bruit.) Dieu !... j'entends le
bruit d'une voiture !... elle s'arrête !... c'est madame de Sénange !... ah ! je respire à peine !

(Picard accourt.)

SCÈNE IX.

PICARD, THÉRÈSE.

PICARD.

Ah ! vous voilà, mademoiselle Henriette ? on
vous cherche par-tout. Madame arrive avec monsieur son fils ; la voiture vient d'entrer dans la
cour. (Des voix dans l'intérieur : Monsieur Picard ?
Monsieur Picard ?) Me voilà ! Vous entendez, mademoiselle ; est-ce que vous ne venez pas au-
devant de madame ?

THÉRÈSE.

Pardonnez-moi... je vous suis...

LES MÊMES VOIX.

Monsieur Picard ?

PICARD.

Je viens, vous dis-je : il fallait bien avertir
mademoiselle Henriette : ouvrez toujours les appartements. (A Thérèse en rentrant.) Je vais vous
annoncer à madame.

SCÈNE X.

CHARLES, et peu après THÉRÈSE.

THÉRÈSE.

Allons... il faut... je n'ai pas la force... ma vue
se trouble. Je ne puis me soutenir !...

CHARLES, sortant du château, l'apercevant, et courant
à elle.

Ah ! chère Henriette !...

THÉRÈSE, rappelée à elle.

Monsieur Charles !...

CHARLES, la regardant avec surprise.

Quoi ! mademoiselle, vous ne venez point
au-devant de ma mère ? notre retour, le motif
qui nous amène, seraient-ils cause des larmes
que vous répandez ?... Henriette, ai-je mal com-
pris votre cœur ? ne devais-je pas en juger par le
mien ?

THÉRÈSE.

Ah ! monsieur Charles ! que cette question me
paraît cruelle !

CHARLES.

J'aurais dû, je le sens, obtenir votre aveu,
avant de supplier ma mère de m'accorder le sien ;
il ne suffisait pas que mon cœur vous adorât
pour disposer du vôtre. Mais, chère Henriette,
l'injustice du sort envers vous m'ordonnait tant
de ménagements ! Je connais bien votre ame ;
vous eussiez rejeté mes vœux, avant d'être cer-
taine de l'agrément de ma mère. Vous l'avouerai-
je, mon amie ? cet aveu, si doux à entendre, et
que ma bouche demandera maintenant si souvent à la vôtre, j'ai cru le surprendre quelquefois
dans vos regards, dans une tendre inquiétude...
oh non ! je ne me suis point abusé ! cette main
chérie ne serait pas ainsi dans la mienne, cette
expression touchante n'embellirait pas vos traits,
si le cœur d'Henriette ne partageait l'amour de
Charles.

THÉRÈSE.

Oui... ah ! que je suis malheureuse !

CHARLES, très surpris.

Mon amie...

(Plusieurs domestiques entrent avec Picard, madame de
Sénange les suit.)

SCÈNE XI.

PICARD, Mᵐᵉ DE SÉNANGE, THÉRÈSE,
CHARLES, DOMESTIQUES.

CHARLES, à Thérèse, qui s'est couvert les yeux de son
mouchoir.

Henriette... voilà ma mère.

(Elle veut se jeter aux genoux de madame de Sénange.)

MADAME DE SÉNANGE.

Que faites-vous, ma chère Henriette ? C'est
dans les bras d'une amie... bientôt d'une mère,
que votre cœur doit vous conduire. (A Picard.)
Mes ordres ont-ils été remplis ?

PICARD.

Oui, madame ; à midi le notaire se rendra au
château.

MADAME DE SÉNANGE.

Il faudrait aussi prévenir notre pasteur.

PICARD.

Tout-à-l'heure il était ici, madame ; comme il

sortait du château, on est venu le chercher de la part de l'ancien métayer, qui, depuis quelques jours, est dangereusement malade.

MADAME DE SÉNANGE.
On me l'a dit à Sénange : mon fils, passez vous-même chez ce pauvre vieillard. (Plus bas, et se détournant pour lui donner sa bourse.) Portez-lui quelques secours... vous engagerez M. Egerthon à vous accompagner au château.

PICARD, à part.
L'excellent cœur!

CHARLES.
J'y vais à l'instant, ma mère. (A Thérèse.) Chère Henriette, vous quitterai-je sans avoir vu se dissiper la tristesse où vous semblez plongée?

THÉRÈSE.
Ah! monsieur Charles! n'accusez pas mon cœur... bientôt... oui, bientôt, vous ne verrez plus ces larmes... que je ne puis retenir.

(Charles et sa mère regardent Thérèse avec surprise. Picard marque aussi de l'étonnement. Enfin Charles baise la main de Thérèse, semble prier sa mère de ne point s'alarmer, et sort avec inquiétude.)

SCÈNE XII.
PICARD, Mme DE SÉNANGE, THÉRÈSE, DOMESTIQUES.

MADAME DE SÉNANGE.
Picard, faites préparer le salon.

PICARD.
Oui, madame; et les appartements aussi?

MADAME DE SÉNANGE.
Cela est inutile : nous retournerons ce soir à Lausanne, et nous emmènerons mademoiselle; c'est pour cela que j'ai renvoyé mon carrosse, la berline est plus grande.

PICARD.
Ah!... tout le monde va... en ce cas, il ne faut préparer que le salon pour la cérémonie... n'est-ce pas, madame? (Madame de Sénange regarde Henriette; l'abattement où elle est paraît l'étonner.) Mon Dieu, je comprends à demi-mot; aussi, depuis hier au soir, j'ai répété plus de vingt fois : Il y a du nouveau. A propos, madame, connaissez-vous un homme dont les yeux sont noirs, la figure blême; qui depuis ce matin se promène autour du château? Cet inconnu m'a fait sur mademoiselle des questions fort étranges.

THÉRÈSE.
Sur moi?...

MADAME DE SÉNANGE.
Sur Henriette!... cet homme vous a-t-il dit son nom?

PICARD.
Il s'en est bien gardé! c'est un original extrêmement curieux, mais encore plus discret.

MADAME DE SÉNANGE.
Je ne puis deviner... vous, Henriette, savez-vous qui ce peut être?

THÉRÈSE.
Non, madame; oh! je ne connais personne.

PICARD.
Pour moi, je vous ai dit tout ce que j'en savais : s'il revient, il faudra bien qu'il se fasse connaître. Maintenant, madame, je vais remplir vos ordres.

MADAME DE SÉNANGE, aux autres domestiques.
Suivez Picard.

(Elle retient Thérèse.)

SCÈNE XIII.
Mme DE SÉNANGE, THÉRÈSE.

MADAME DE SÉNANGE.
Henriette, vous voyez à quoi m'engage ma tendresse pour mon fils; je n'ai pu résister à ses prières; il met son bonheur à vous posséder; je ne veux pas qu'il puisse m'accuser. Je rends justice aussi à vos aimables qualités : on peut racheter la naissance par la vertu, la fortune par la beauté; je sais encore que vous n'avez rien fait pour abuser de ma confiance, pour captiver mon fils : l'amour que vous lui inspirez ne mérite aucun reproche, et, si Charles est heureux, le monde, plus sévère aujourd'hui que moi, cessera de le blâmer et vous donnera son estime. Mais, avant de former des nœuds dont l'influence s'étend sur toute la vie, une mère peut concevoir bien des craintes. Henriette, avez-vous été sincère dans le récit de vos malheurs? Ne m'avez-vous rien caché? vous êtes orpheline, inconnue... ce n'est point un tort, si c'est la vérité. Mais à combien de chagrins vous livreriez votre époux, si, retenue dans vos aveux, vous renfermiez d'autres secrets; si quelque jour mon fils était forcé de rougir!...

THÉRÈSE.
Rassurez-vous, madame; M. Charles ne court point de dangers. Jamais celle que vous comblâtes de bienfaits ne l'exposerait à tant de honte.

MADAME DE SÉNANGE.
C'en est assez, ma chère Henriette; je ne puis douter de votre sincérité : mon cœur, maintenant rassuré, n'aura besoin d'aucun effort pour vous donner le nom de fille.

(Thérèse lui baise respectueusement la main, et madame de Sénange rentre dans le château. Pensive et rêveuse, Thérèse va s'asseoir sur le banc. Valther entre par la grille avec précaution, et s'avance doucement.)

SCÈNE XIV.
VALTHER, THÉRÈSE.

VALTHER, à lui-même en s'avançant.
Fort bien!... grace à quelques valets qui viennent d'arriver, je suis maintenant beaucoup mieux instruit... Le notaire est en chemin; on

est allé chercher le pasteur; à midi les fian-
çailles, et ce soir on retourne à Lausanne pour
faire publier les bans... Je suis arrivé fort à
propos.

(Il vient se placer vis-à-vis de Thérèse et la regarde en silence.)

THÉRÈSE, sans voir Valther et levant les yeux au ciel.

Hélas! qu'ai-je donc fait pour être si malheureuse!... allons... (Elle se tourne pour rentrer
au château, et voit Valther devant elle.) Dieu!...
Valther!...

VALTHER.

Moi-même, mademoiselle Thérèse.

THÉRÈSE.

Ah! ne prononcez pas ce nom.

VALTHER.

Pourquoi donc? c'est le vôtre.

THÉRÈSE.

Grand Dieu! je suis perdue!... quoi! vous me
poursuivez encore!

VALTHER.

Je ne vous perdrai jamais de vue...

THÉRÈSE.

Quel est donc votre dessein?

VALTHER.

Vous ne l'ignorez pas; je vous l'ai dit; je veux
être votre époux.

THÉRÈSE.

Vous! juste ciel! après m'avoir trahie de la
manière la plus odieuse, après m'avoir fait condamner injustement!... Ah! s'il est vrai qu'une
infortunée vous inspire quelque pitié, monsieur, je ne vous demande qu'une grace! éloi-
gnez-vous! ne restez point ici! votre présence
me donnerait la mort!

VALTHER.

Je suis prêt à me retirer : suivez-moi.

THÉRÈSE, reculant.

Vous suivre!

VALTHER.

Perfide, croyez-vous m'en imposer?

THÉRÈSE.

Au nom du ciel, n'élevez point la voix!

VALTHER.

Je suis venu pour vous démasquer, pour révéler l'indigne abus que vous osez faire d'un
asile respectable...

THÉRÈSE.

Je vous supplie...

VALTHER.

Pour vous livrer à la honte, à l'infamie, et
vous arracher à mon rival, à ce Charles que
vous me préférez!...

THÉRÈSE, se jetant à ses genoux.

Ah! je vous en conjure, ne me trahissez pas.

VALTHER, la relevant.

Je veux bien vous faire grace, mais écoutez-
moi... ne craignez rien; quand on m'aperce-
vrait, ne suis-je point inconnu? d'ailleurs je
baisserai la voix; vous seule ici m'entendrez,

mais vous m'entendrez, je le veux, ou j'entre
de ce pas chez madame de Sénange.

THÉRÈSE.

Non, non, monsieur, je vous écoute.

VALTHER.

Je ne chercherai point à vous abuser plus
long-temps sur ma conduite : j'ai voulu me
rendre le maître, l'arbitre de votre sort, et j'y
suis parvenu, car je puis à l'instant vous sauver ou combler votre perte. Je ne puis entrer
ici dans des détails que le lieu ni la prudence
ne me permettent de donner : apprenez seulement que je possède toutes les preuves de votre
innocence ; des intrigues qu'on a mises en
œuvre pour vous faire condamner; des men-
songes, des crimes de vos persécuteurs, dont j'ai
moi-même servi la haine, pour les confondre
quand il en sera temps; enfin, que je puis vous
rendre votre fortune, l'honneur, bien plus encore, un nom respectable, une naissance
brillante, qui suffiraient seuls pour atterer vos
ennemis, si vous n'opposez plus d'obstacles à
mes vœux.

THÉRÈSE.

O ciel! se pourrait-il?...

VALTHER.

Personne ne nous entend... nous sommes
sans témoins... (Plus bas.) Jugez combien votre
intérêt vous ordonne de m'obéir... devenez mon
épouse, et je m'engage à prouver que vous êtes
la fille de la marquise de Ligny...

THÉRÈSE.

Grand Dieu!... c'était ma mère?

VALTHER.

Un mariage secret l'unit au comte de Volmar :
la haine que lui portait sa famille l'obligea de
cacher toujours cette union : votre père mourut, la marquise ne découvrit point son hymen,
mais elle vous adopta et vous légua tous ses
biens. Un seul acte prouve votre naissance ;
c'est à moi qu'il fut confié. Cet acte est dans
mes mains avec toutes les preuves, et rien n'en
sortira que je ne sois votre époux.

THÉRÈSE.

Mon époux!... ah! je découvre enfin votre
odieux projet : c'est ma fortune que vous am-
bitionnez. Vous, mon époux! jamais!

VALTHER.

Jamais!... oubliez-vous que je vous tiens en
mon pouvoir? que d'un mot je puis vous livrer
à l'exécuteur des lois? que sans moi vous ne
serez jamais qu'un être sans aveu, une fille inconnue, flétrie d'un jugement? qu'avec moi
vous reprenez une existence nouvelle? Jamais,
dites-vous?... Thérèse, songez bien à ce que je
vais vous dire : Je ne ferai point d'éclat que
vous ne m'y forciez : prenez donc garde à ce que
vous allez faire; on vous attend pour vous engager à M. de Sénange; vous l'aimez, je le
sais, peu m'importe. Je vous défends de former

cet engagement. Imaginez tout ce qu'il vous plaira, mais refusez, car je suis là, j'observe, et, si vous faites un pas de plus, je parais, je parle, et je vous dénonce.

THÉRÈSE.

Ah! je vous jure que je ne serai jamais l'épouse de M. Charles! mais provoquer un éclat terrible... ah! monsieur, n'exigez pas...

VALTHER.

Vous m'avez entendu, je veux être obéi. Ne craignez rien, dès demain vous serez sous ma protection. J'entends du bruit...

THÉRÈSE.

Dieu!...

VALTHER.

C'est vous qu'on cherche.

THÉRÈSE.

Ah! retirez-vous, monsieur, retirez-vous, je vous obéirai!

VALTHER.

N'oubliez pas que je veille sur vous.

(Il va pour sortir par la grille, il aperçoit du monde, et revient précipitamment. Thérèse, au comble de l'effroi, court vers lui, du geste lui indique une des allées de charmille, et Valther s'y enfonce rapidement. Au même instant, madame de Sénange, avec plusieurs domestiques, sort du château, tandis que Charles et Egerthon entrent par la grille.)

SCÈNE XV.

PICARD, Mme DE SÉNANGE, EGERTHON, THÉRÈSE, CHARLES.

CHARLES, présentant Egerthon.

Ma mère, voilà notre respectable ami.

EGERTHON.

Je me suis empressé, madame, de me rendre à vos ordres.

MADAME DE SÉNANGE.

Vous connaissez déja le motif qui nous rassemble : votre présence nous est doublement nécessaire. Comme ministre, vous daignerez former, entre ces jeunes gens, le lien qui doit précéder leur hymen, et recevoir leur premier engagement. Comme ami, comme protecteur de notre aimable orpheline, il est bien juste que vous lui teniez lieu de père.

EGERTHON, prenant la main de Thérèse.

Oui, madame, je lui servirai de père, elle n'en doit pas douter; j'en remplirai tous les devoirs avec tendresse, avec courage, et j'appellerai sur elle la protection du ciel.

THÉRÈSE.

O mon père!... (Très bas.) Ne m'abandonnez pas.

EGERTHON, de même.

Du courage.

CHARLES, lui prenant la main avec inquiétude.

Chère Henriette... pourquoi tremblez-vous ainsi?... la tendresse d'une mère, l'amour d'un époux, vous garantissent désormais un bonheur sans nuage.

THÉRÈSE, avec douleur.

Sans nuage!

(Picard paraît sur la porte du château.)

PICARD.

Le notaire vient d'arriver.

(Thérèse fait un mouvement d'effroi, et jette un regard inquiet vers la charmille.)

CHARLES.

Qu'avez-vous, Henriette? vos regards inquiets semblent chercher quelqu'un.

THÉRÈSE, avec émotion.

Non... non, monsieur Charles... personne! (A part.) Il n'est pas là.

MADAME DE SÉNANGE, à son fils.

Le trouble d'Henriette me paraît inexplicable.

EGERTHON, à Thérèse.

Allons, ma fille...

THÉRÈSE, bas à Egerthon, sans oser regarder.

Ne voyez-vous paraître aucun étranger?

EGERTHON, très surpris.

Non.

CHARLES, prenant la main de Thérèse.

Henriette, on nous attend.

THÉRÈSE, à Egerthon.

Entrons bien vite!

(Charles présente la main de Thérèse à Egerthon, et prend celle de sa mère. Picard et les domestiques font un mouvement pour dégager la porte du château. Pendant ce mouvement, Valther traverse le fond du jardin et s'approche du perron. Thérèse jette encore un regard vers la charmille, et, ne voyant point Valther qui est de l'autre côté, elle s'avance la première avec Egerthon. Valther se place alors vis-à-vis du perron, et se trouve devant elle.)

SCÈNE XVI.

LES PRÉCÉDENTS, VALTHER.

VALTHER.

Un moment.

THÉRÈSE.

Ah!... ah! je me meurs!

(Elle tombe dans les bras d'Egerthon.)

CHARLES, courant la soutenir.

Henriette!...

(Tout le monde regarde Valther avec le plus grand étonnement. Il attend tranquillement.)

MADAME DE SÉNANGE.

Quel étrange mystère! quel est cet homme?

PICARD, qui l'examine depuis son entrée.

Eh! mais... je ne me trompe point... monsieur est l'étranger qui, ce matin, m'a fait sur mademoiselle des questions si singulières.

MADAME DE SÉNANGE.

Monsieur?

VALTHER.

Oui, madame, c'est moi-même.

CHARLES, *avec véhémence.*

Qui donc êtes-vous, monsieur? que cher-
chez-vous ici? de quel droit venez-vous porter le
trouble dans une famille? pourquoi votre présence cause-t-elle à mademoiselle un si terrible
effroi?

VALTHER.

Vous allez le savoir, monsieur; j'attendais
que l'on fût en état de m'écouter. Je viens
chercher mademoiselle...

CHARLES.

Henriette?...

MADAME DE SÉNANGE.

Grand Dieu!

VALTHER.

Non pas Henriette, mais...

THÉRÈSE, *se jetant à ses genoux.*

Ah! n'achevez pas, monsieur! je m'abandon-
ne à vous... disposez de mon sort, de ma vie!...
Je suis prête à vous suivre!

CHARLES.

A le suivre?

PICARD.

C'est un parent, je l'avais dit.

VALTHER, *prenant la main de Thérèse pour l'em-
mener.*

En ce cas, mademoiselle, je tiendrai ma
promesse. Sortons...

CHARLES.

Arrêtez!... vous ne sortirez point!

MADAME DE SÉNANGE.

Vous oubliez, monsieur, que mademoiselle
est chez moi?

VALTHER.

Puisque j'y suis forcé, je vais donc m'expli-
quer... (Thérèse tremblante.) Mais non: le malheur réclame l'indulgence, j'implore votre pitié
pour elle: l'honneur et mon devoir ne m'obligent qu'à vous éclairer. (Présentant un papier à
madame de Sénange.) Jetez les yeux sur cet écrit;
c'est un jugement rendu par le tribunal de Genève, et connaissez mademoiselle à qui vous
ne pouvez unir votre fils, ni donner votre nom.
Je ne demande, pour prix du service important
que je rends à votre maison, que d'épargner à
cette infortunée la honte et le danger d'être
connue. (Donnant le papier.) Lisez.

(Madame de Sénange ouvre l'écrit; Charles s'approche
d'elle et le parcourt des yeux en même temps que sa
mère, avec le plus grand trouble. Valther sourit en regardant Thérèse. Egerthon s'approche d'elle pour la
soutenir, mais ne cesse point d'examiner Valther.)

CHARLES.

Grand Dieu!!!

MADAME DE SÉNANGE, *jetant sur Thérèse un regard
terrible.*

Malheureuse! c'est vous!...

(Valther l'empêche d'achever.)

CHARLES, *avec désespoir et saisissant l'écrit.*

Non, non, c'est impossible!... (A Valther.)
Tremblez, tremblez, si vous en imposez! (A

Thérèse.) Henriette!... Henriette, est-il vrai!
Lisez, je ne veux croire que vous.

THÉRÈSE, *écartant le papier.*

Oui, monsieur Charles... c'est moi... mais je
suis innocente.

CHARLES.

Ma mère, vous l'entendez!...

MADAME DE SÉNANGE.

Mon fils, quel égarement! quoi! vous espé-
rez de mademoiselle un si cruel aveu? vous attendez qu'elle s'accuse elle-même d'un crime
qu'elle n'ose sans doute envisager sans frémir?
sachez vous respecter vous-même: un tribunal
a prononcé, rien ne peut effacer la tache qu'il
imprime, et mademoiselle doit enfin sentir que
la maison de madame de Sénange ne peut plus
lui servir d'asile... Ah! monsieur, qui que vous
soyez, je vous rends grace d'avoir ouvert mes
yeux, d'avoir sauvé mon fils et ma famille du
déshonneur! Au nom du ciel, achevez votre ouvrage: je ne vous demande pas quels sont vos
droits sur mademoiselle; quel que soit le lien
qui l'attache à vous, je vous supplie d'user de
votre autorité; emmenez à l'instant cette jeune
personne qui m'a si cruellement abusée, et qui
laissera dans nos cœurs de si douloureux sou-
venirs: ah! je vous en conjure, par égard pour
mon fils, délivrez-moi sur-le-champ de la présence de mademoiselle.

CHARLES, *avec désespoir.*

Ma mère!...

(Madame de Sénange le retient.)

THÉRÈSE.

O mon Dieu! on me chasse... (montrant Valther.) et c'est à lui qu'on me livre!

VALTHER, *l'emmenant.*

Venez, mademoiselle...

EGERTHON.

Arrêtez, monsieur; au nom du Dieu que je
sers, je vous défends d'approcher de cette jeune
personne! la Providence l'a mise sous ma garde
pour la conduire au terme de ses malheurs. Té-
moin silencieux, je vous ai bien observé: à
votre action, à vos discours, je vous ai reconnu;
vous devez être Valther.

VALTHER.

Qui vous a dit mon nom?

EGERTHON.

Votre victime elle-même.

(Valther paraît déconcerté.)

MADAME DE SÉNANGE, *à Egerthon.*

Quoi! monsieur... vous saviez...!

EGERTHON.

Je savais tout, madame, et mademoiselle
allait aujourd'hui même quitter votre maison.
(A Thérèse.) Venez, ma fille: le crime vous
poursuit; les méchants vous calomnient; les
autres vous repoussent; mais le sein d'un père
vous est toujours ouvert, et peut-être n'osera-t-on
pas vous y porter de nouveaux coups. Vous,

cependant, défendez à votre cœur tout ressentiment injuste : n'oubliez jamais les bienfaits que répandit sur vous une main généreuse ; un moment d'erreur ne doit point effacer tant de jours marqués par la reconnaissance. (*Thérèse se tourne avec sentiment vers madame de Sénange.*) Adieu, madame : un jour, j'ose l'annoncer, je vous ramènerai cette jeune personne plus heureuse et justifiée : jusque-là je tiendrai ma promesse en lui servant de père... (*fixant Valther.*) et je remplirai mon devoir en la protégeant contre ses ennemis.

(*Thérèse s'avance vers madame de Sénange, prend sa main qu'elle baise avec respect, regarde Charles, puis le ciel, en passant la main sur son cœur, et revient auprès du pasteur, qui la reçoit avec affection, et lui montre le chemin en l'invitant à le suivre. Charles fait un mouvement pour voler vers Thérèse, sa mère le retient, et Valther paraît inquiet et rêveur. La toile tombe sur ce tableau.*)

ACTE SECOND.

Le théâtre représente l'intérieur d'une espèce de grand hangar, tout ouvert au fond. A droite, est l'entrée principale du logement du fermier ; à gauche, un petit corps-de-logis détaché, très saillant, de forme carrée, d'une architecture plus soignée et plus fraîche que celle du bâtiment d'en face ; c'est le pavillon qu'a fait bâtir madame de Sénange. Un escalier extérieur conduit à ce pavillon, dont la porte s'ouvre sur une petite galerie. Une grande fenêtre ouverte, percée à la même hauteur que la porte, et bien en face des spectateurs, laisse voir facilement dans l'intérieur de ce pavillon. Deux autres chambres sont censées faire partie de ce pavillon et communiquer dans la chambre d'entrée, l'une au fond, et l'autre de côté ; il faut même qu'on en distingue les portes. — Le fond du hangar laisse voir une cour fermée par une haie vive ; au-delà de la cour, en perspective, un site approprié au pays. Il fait nuit pendant toute la durée de l'acte.

SCÈNE I.

(*Une lanterne allumée est suspendue sous le hangar.*)

MATHURIN, **BRIGITE**, Villageois et Villageoises.

(*Au lever du rideau, on danse ; c'est la fête dont Mathurin a parlé au premier acte. Quelques fermiers, auxquels Mathurin tient compagnie, sont assis autour d'une table, buvant et fumant. Après qu'on a dansé, Brigite entre, venant de la ferme, et interrompt la danse.*)

BRIGITE.

Assez comme ça, mes enfants ; v'là neuf heures qui viennent de sonner à l'église, l' temps s'couvre d' pus en pus, y tombe déja d'grosses gouttes, y a d' l'orage du côté d' l'eau, et l' vent pourrait ben nous l'am'ner. Y faut r'tourner chacun chez vous, fermer les portes et s'coucher.

MATHURIN.

S'coucher ! s'coucher ! t'es toujours pressée, toi, quand y s'agit d' ça. Avant d' les renvoyer, faut-y pas qu'y boivent un coup ? v'nez ici, jeunes gens, avalez-moi chacun un bon verre de piquette, ça vous donnera des jambes pour reconduire les jeunes fille chez leux mamans ; et, pour vous consoler d' vous renvoyer d' si bonne heure, j'vas vous apprendre eune bonne nouvelle.

BRIGITE.

Bah ! queuque conte.

MATHURIN.

N' s'agit pas d' conte, y s'agit d'eune noce, et d'une fière, ous qu'on dans'ra.

TOUS, s'approchant.

D'une noce !

BRIGITE.

Où donc c'te noce ?

MATHURIN.

Au château.

BRIGITE.

Bon ! et d' qui ?

MATHURIN.

Eh ! pardi ! d' mam'selle Henriette avec M. Charles.

BRIGITE.

C'est pas possible.

MATHURIN.

Chut ! c'est encore un s'cret, voyez-vous, n' faut l' dire à personne.

BRIGITE.

Le v'là ben gardé, l' secret !

MATHURIN.

C' matin, comme j'allions au château...

BRIGITE.

Oui, pour des prunes que tu ne m'as pas rapportées.

MATHURIN.

N' m'interrompez donc pas toujours comme ça, madame Brigite, ça m' fait perdre le fil.

BRIGITE.

Eh ben ! voyons, r'prends ton fil... comme t'allais au château, t'as rêvé en ch'min.

MATHURIN.

Point du tout : M. Picard, l'vieux intendant, m'a lâché deux paroles ; y m'a dit comme ça, en propres termes : Père Mathurin, y a du nouveau... vous comprenez ben c' que ça veut dire, du nouveau ? ainsi v'là qu'est dit, t'nez-vous pour avertis et buvez là-d'sus.

BRIGITE.

Oui, buvez! si vous n' dansez qu'à ces noces-là, vous n' vous casserez pas les jambes.

MATHURIN.

Mais qui qu'empêche?

BRIGITE.

Laisse donc! j' te dis qu' tu te moques. Comment, tu veux qu'une demoiselle, arrivée dans l' pays tout comme un événement, à pied, sans r'commandation d'ame qui vive, p't-êt' ben sans sou ni maille, et qui a l'air de n' connaitre ni père, ni mère, ni parent, aille...? Allons! allons! j' connais ben madame de Sénange, et j' te réponds qu'elle a trop d' fierté dans l'ame pour donner comme ça son fils unique à une demoiselle qui s'appelle Henriette tout court.

MATHURIN.

Tais-toi donc, femme, tais-toi donc! V'là qu' tu dis des bêtises; c'est pas du tout mademoiselle Henriette qui d'mande M. Charles, c'est du contraire monsieur Charles qui veut avoir mademoiselle Henriette; c'est fiarement différent, ça; et mademoiselle Henriette, tout aussi court que tu voudras, n'en est pas moins eune marveille dans son espèce.

BRIGITE.

Eune marveille! parcequ'alle est jeune et jolie.

MATHURIN.

Tout juste.

BRIGITE.

Eh ben! tant pis! ces mariages d'amour, ça cloche toujours par queuqu' bout, et je n' s'rais pas surprise... (Il fait un éclair.) Ah!

MATHURIN.

Eh ben! et ben! c' n'est rien, c'est un éclair d' chaleur.

BRIGITE.

Chut! écoute ben sur la maison...

(Un bruit d'orage très loin.)

MATHURIN.

Bah! il est ben loin. Attends, j'allons voir.

(Il se retourne : au même instant une jeune personne, simplement mise, paraît au fond de la cour; elle est fatiguée, très abattue et s'avance avec crainte. C'est Thérèse. Un pâtre qui l'accompagne porte un petit paquet qu'il lui remet, et s'en va.)

SCÈNE II.

LES MÊMES, THÉRÈSE.

MATHURIN, s'arrêtant tout court.

Eh! qu'est-ce que c'est qu' ça?

(Tout le monde regarde avec surprise.)

BRIGITE.

C'est eune jeune fille... d'où qu'alle vient donc?

MATHURIN, qui s'est avancé vers elle.

Jarni! ça s'rait-y possible... eh! oui, c'est elle! not' femme!

(Il court vers Thérèse, qui n'ose entrer, et l'amène vers le hangar.)

BRIGITE.

Eh ben! qui donc? c'est elle! c'est elle! y connait tout le monde, c't'homme-là!... Ah! mam'selle Henriette!

MATHURIN.

Dans queul état... eh! mais, mon Dieu! quoi qui vous est arrivé? quoi qu' vous v'nez faire cheux nous, à eune pareille heure?

THÉRÈSE.

Je viens vous demander l'hospitalité; il pleut, un orage s'annonce, et je suis bien fatiguée. Je vous en prie, recevez-moi seulement pour la nuit.

BRIGITE.

Mais d'où qu' vous v'nez, où qu' vous allez comme ça toute seule, la nuit?

THÉRÈSE.

Je viens du château; je vais à Préverange chez la sœur de M. Eggerthon, à laquelle il daigne me recommander par cette lettre que je lui porte. Il devait m'accompagner lui-même; mais le vieux métayer touche à ses derniers moments, et les devoirs de son ministère obligent le pasteur à rester près de lui. Il m'a donné, pour me conduire, un des pâtres du métayer; mais je me sens si fatiguée... j'ai tant souffert...

MATHURIN.

Ah çà, c'est-y que j' rêve, ou ben qu' jons des visions! moi, qui parlais d' vos noces, là, dans la minute.

BRIGITE.

Est-ce que, par hasard, on vous aurait renvoyée du château?

THÉRÈSE.

Oui, madame.

BRIGITE.

J' l'aurais parié! ça n' pouvait pas finir autrement. Vous v'là ben avancée à c't'heure, sans condition, sus l' pavé!...

MATHURIN.

C'est ben dur; à son âge, et si gentille... a n'y restera pas long-temps.

BRIGITE, à part.

Pauvre demoiselle!... (Réfléchissant et tirant Mathurin à part.) Dis donc, not' homme... c'est-y prudent d' la r'cevoir cheux nous? Dame! c'est louche tout ça, et, si madame l'a chassée, nous qui sommes ses fermiers, ça peut nous compromettre de...

MATHURIN.

Fi donc! est-ce qu'on peut mettre à la porte eune jeune fille de son âge, et par le temps qu'il fait encore? Jarni! ça m'fend le cœur d'y penser!

BRIGITE.

Te v'là toujours, toi, avec ton cœur qui s'fend pour la moindre chose ! moi, je n'm...

MATHURIN.

Allons, allons, Brigite, un peu d'humanité ! que diable ! faut pas comme ça avoir l'air pus méchante que tu n'es. Et puis, tu sais ben c'que l'pasteur dit tous les dimanches : Ouvrez à c'ti-là qui frappe ; donnez à c'ti-là qui demande.

BRIGITE.

Ouvrez, donnez, c'est bientôt dit : je ne donne qu'à bonne enseigne, et... (Elle se retourne et voit Thérèse qui s'éloigne en essuyant ses larmes.) Eh bien ! où qu'vous allez encore ?

THÉRÈSE.

Je n'en sais rien... Je croyais m'être aperçue que vous n'osiez me recevoir, et je sortais.

BRIGITE, la ramenant.

Eh ! non, eh ! non ; mam'selle, r'venez donc, j'ai pas dit ça du tout... c'est Mathurin qui m'fait un tas d'contes...

MATHURIN.

Ah ! par exemple !...

BRIGITE.

Écoutez donc, mademoiselle Henriette, madame est une si bonne maîtresse qui faut bien qu'vous ayez fait queuqu'chose de mal pour qu'elle vous renvoie de c'te façon-là ; mais, puisque vous allez chez la sœur de M. Egerthon, j'pouvons ben vous r'cevoir en passant. Ainsi v'là qui est dit : ne pleurez pas, vous coucherez ici, et j'vas vous donner à souper.

THÉRÈSE.

Je vous remercie... je n'ai besoin de rien... de rien... que d'un peu de repos.

(Elle veut s'approcher d'une chaise et paraît près de tomber.)

BRIGITE, courant la soutenir.

Ah ! mon Dieu, alle est d'une faiblesse !... (Elle la fait asseoir.) Nanette, Nanette, un verre d'eau ; vite donc ! Allons, Mathurin, renvoie-moi tout le monde ; qu'est-ce que tu fais là ? tu vois ben que c'te pauvre fille a besoin d'se r'poser. (Aux danseurs, etc.) Allez, mes enfants, allez ben vite ; y s'fait tard.

MATHURIN.

J'vas les conduire et fermer les portes.

BRIGITE.

Va.

(Brigite et Nanette s'occupent de Thérèse, qui revient à elle, et les remercie. Pendant ce temps, Mathurin distribue des lanternes aux villageois, les congédie et les conduit hors de la ferme. Comme ils achèvent de sortir, on voit un homme s'introduire dans la cour et se cacher ; c'est Valther.)

SCÈNE III.

MATHURIN, THÉRÈSE, BRIGITE ;
NANETTE, allant et venant.

MATHURIN.

Allons, nous v'là débarrassés... tout est fini :
à présent, occupons-nous d'ben loger c'te chère demoiselle ; alle est fatiguée, y lui faut un bon lit.

BRIGITE.

Eh ben ! eh ben ! alle aura tout ça sans déranger personne. La chambre de madame dans l'petit pavillon est toujours prête pour quand alle vient ; y a au lit des draps tout blancs : c'est là qu'alle couchera, et j'dis qu'alle s'ra comme eune princesse. Nanette, va y donner un coup d'poing.

(Nanette monte à la chambre, elle ouvre les croisées, range, et revient peu après.)

MATHURIN, à Thérèse.

C'est dit, et d'main matin, à l'heure que vous voudrez, j'mettrai l'cheval à la carriole, et j'vous conduirons moi-même à Préverange.

THÉRÈSE.

Mes amis, je vous remercie ; croyez que je ne suis pas indigne de l'intérêt que vous me témoignez.

MATHURIN.

Allons, femme, conduis mam'selle. (Bas.) Et n'l'y parle de rien, j't'en prie !

BRIGITE.

C'est bon ! c'est bon ! on sait c'qu'on a à faire.

MATHURIN.

Dame ! écoute donc, c'que j'en dis, c'est pour toi : t'as quelquefois l'air si revêche qu'on pourrait croire que t'es méchante, et dans le fond... (Il rit.) Ah ! ah ! ah !...

BRIGITE.

As-tu bentôt fini ?... comment peux-tu rire quand tu vois...? ces hommes, ça n'a pas pus d'cœur !... (A Thérèse.) Allons, mam'selle, montez !

THÉRÈSE.

Pardon... je voudrais profiter du peu d'instants que vous me permettez de passer chez vous pour écrire à madame de Sénange : je n'ai pas eu la force de lui parler en la quittant.

MATHURIN.

J'vas vous chercher c'qui faut pour ça.

(Il entre dans la ferme.)

BRIGITE.

Vous écrirez votre lettre dans la p'tite chambre d'entrée, crainte du feu ; y a un bureau contre la fenêtre : la chambre de madame est après : vous n'aurez qu'à pousser la porte, a n'ferme pas. N'allez pas vous tromper ; l'autre chambre, en face, est celle de M. Charles, quand y vient avec sa mère. Y n'y en a pas d'autre ; par ainsi vous serez bien tranquille ; eune fois la porte de l'escalier fermée, vous dormirez tant qu'vous voudrez.

MATHURIN, revenant.

V'là d'l'encre à écrire, du papier d'poste aux lettres, et eune plume d'oie du magister, qu'est joliment dure.

BRIGITE.

Eune lumière ?

MATHURIN.

La v'là, et le petit paquet aussi... y n'est pas lourd. (A Thérèse.) C'est-y là tout votre bagage, mam'selle ?

THÉRÈSE.

Je n'ai rien emporté.

BRIGITE, le lui prenant.

Est-ce que ça te regarde ?

MATHURIN.

Bonne nuit, mam'selle Henriette.

THÉRÈSE.

Mes amis, je me souviendrai toujours de vous avec reconnaissance.

(Brigite, portant la lampe, le paquet, le papier, etc., monte la première. Thérèse la suit. On les voit dans la chambre. Brigite montre à Thérèse la salle, et y pose la lumière et ce qu'elle tient dans les mains. Ensuite elle lui indique la chambre à coucher, et y entre un moment avec elle. Pendant ces divers mouvements, on voit reparaître Valther : il observe l'intérieur du hangar, remarque la chambre où l'on a conduit Thérèse, et se retire de nouveau.)

MATHURIN, resté seul sous le hangar.

Comment ! comment ! mam'selle Henriette est renvoyée du château !... par exemple, si j'm'attendais à ça !... c'est tout d'même queuqu'fois bien malheureux, pour eune jeunesse, d'avoir une beauté trop prépondérante ; ça donne pus d'embarras qu'on ne pense pour entrer en maison. Dame ! eune jeune fille, c'est pas du tout eune marchandise comme eune autre : ici on n'en veut point, là-bas on en veut trop ; y a toujours queuqu' déchet à craindre. C'est pas l'embarras, dans mon temps, à moi, c'était tout d' même pour les garçons : ah ! mon Dieu, c'était tout la même chose ! je ne pouvais point faire un pas dans l' village qu' toutes les jeunes filles n'accourissent sur leux portes : je m'en rappelle joliment ; fallait les entendre chuchoter : *C'est l' petit rougeau, qu'a de si belles couleurs : est-y gentil, est-y mignon ! s' trémousse-t-y ben !...* Et puis alles chantaient, alles m'agaçaient, alles riaient comme des petites folles... Moi, j'croyais qui n'y avait pus qu'à mettre la main d' sus, j' courions ben vite... oui-da ! drès qu' j'arrivions, crac, elles me campaient la porte sur l' nez ! Quoiqu 'ça y avait des fois qu' j'en attrapions queuqu'unes... Brigite s'en souvient ben encore... dame ! alle était gentille itou... dans c' temps-là... alle n' criait pas si fort qu'à présent... all' était douce... all' était... à c't' heure c'est ben différent... a s' fait vieille...

(Se retournant.) Faut qu' j'éteigne ma lanterne.

(Il descend la lanterne, et l'éteint ; pendant ce temps, Brigite revient. Elle a laissé la lampe sur la table et Thérèse s'est mise à écrire.)

BRIGITE, à Mathurin.

V'là qu'est fini : alle écrit ; a s' couchera quand alle voudra. Tu vois ben qu' j'avais raison d' te dire que ça finirait mal ! Allons, viens t' coucher.

MATHURIN, regardant le pavillon.

C'te pauvre fille !...

BRIGITE.

N' s'agit pas d'elle à présent ; voyons ! viens-tu ? j' t'attends.

MATHURIN.

Me v'là, madame Mathurin. (A part.) N'y a pas à dire, faut faire c' qu'a veut.

(Ils rentrent dans la ferme, dont on entend fermer la porte au verrou. Comme ils emportent la dernière lumière, il fait aussitôt nuit close. Valther entre sur leurs pas avec précaution.)

SCÈNE IV.

VALTHER, THÉRÈSE.

(Thérèse continue d'écrire devant la fenêtre dans le pavillon.)

VALTHER.

Je ne me suis point trompé... Thérèse est arrivée seule dans cette maison : personne ne l'accompagnait qu'un pâtre, qui est retourné sur ses pas. D'où vient qu'Egerthon, qui l'avait prise si hautement sous sa protection, l'a subitement abandonnée ? Si j'avais pu le prévoir, elle ne serait pas venue jusqu'ici... mais où prétend-elle aller ? madame de Sénange et son fils ont dû repartir pour Lausanne ; elle se gardera bien d'approcher de cette ville. Il est encore moins probable qu'elle songe à retourner à Genève... pourquoi m'inquiéter de ses projets ? c'est d'elle qu'il faut m'assurer : ma fortune tout entière dépend de sa possession ; si je n'y pouvais parvenir, ma sûreté exigerait son trépas. C'est dans ce pavillon qu'on l'a placée... examinons un peu.

(Il cherche tout autour du petit pavillon, et finit par se trouver vis-à-vis de la fenêtre.)

THÉRÈSE, posant un instant sa plume.

Madame de Sénange daignera-t-elle me croire ?... Charles lui-même pourra-t-il se persuader que je ne voulus jamais le tromper ?... (Reprenant sa plume.) Disons la vérité, c'est tout ce que je puis.

(Elle se remet à écrire.)

VALTHER, l'apercevant.

Ah !... je la vois... elle a conservé de la lumière... Il me semble qu'elle écrit... (Observant.) Elle est seule de ce côté... (Écoutant.) Tout est tranquille... il ne faudrait que l'attirer ici... Il me vient une idée ! elle a dans le pasteur une confiance entière, il ne l'a point accompagnée, mais il doit habiter ce village... il me sera facile de la tromper... essayons... (Il monte vivement quelques marches et s'arrête, à cause du bruit qu'il fait. Thérèse lève la tête avec inquiétude, et écoute.) Je n'entends rien... montons plus doucement...

(Il continue de monter.)

THÉRÈSE, se levant à moitié.

Il me semble qu'on monte l'escalier...

(Elle écoute.)

VALTHER.

Voici la porte...

(Il frappe deux petits coups.)

THÉRÈSE, tremblante.

O ciel !... qui peut frapper ?

VALTHER, changeant sa voix.

Henriette !...

THÉRÈSE.

Qui m'appelle ?

VALTHER.

Votre protecteur, Egerthon.

THÉRÈSE, avec joie.

Mon protecteur ! M. Egerthon !... ô mon Dieu ! je vous remercie !... attendez, je descends à l'instant.

(Elle prend sa lampe.)

VALTHER, redescendant vivement.

Elle vient !... tenons-nous prêt.

(Thérèse ouvre, sort de sa chambre, tenant sa lampe dont elle s'éclaire, descend l'escalier et parcourt la grange en cherchant.)

THÉRÈSE.

Où êtes-vous ?...

VALTHER, la saisissant par la main.

Silence !

THÉRÈSE.

Ah !

(Elle laisse tomber sa lampe, qui s'éteint, et Valther est obligé de la soutenir quelques moments.)

THÉRÈSE, revenant à elle, et s'arrachant de ses bras.

C'est vous !... O mon Dieu ! que vais-je devenir !... Au nom du ciel, que me voulez-vous encore ? ne m'avez-vous pas rendue assez malheureuse ? me poursuivrez-vous donc jusque dans le tombeau ?

VALTHER.

Oui, je vous poursuivrai toujours ! par-tout ! vous me verrez sans cesse comme une ombre attachée à vos pas ! vous n'aurez plus un seul jour de repos ; et, dès qu'un rayon d'espoir viendra luire à vos yeux, vous entendrez aussitôt retentir le nom de Thérèse.

THÉRÈSE, au désespoir.

Ah !...

VALTHER.

Accusez d'injustice le ciel, la destinée, vous en avez le droit ; mais un lien terrible nous unit, c'est celui du crime ! J'avoue, si vous le voulez, que je l'ai seul formé : il n'en est pas moins indissoluble : notre existence y est également attachée, et je dois finir vos malheurs, ou bien y mettre le comble ! Thérèse, par pitié pour vous-même, examinez votre situation, chassez toute illusion, cessez de vous abuser, connaissez bien Valther ; jugez tout ce que j'ai fait, et prononcez vous-même : oui, l'hymen, l'hymen ! ou l'implacable vengeance...

THÉRÈSE.

Ah ! je suis une victime vouée au malheur ; mais, s'il faut choisir entre l'infortune qui m'accable et l'horreur de porter le nom de votre épouse, oui, cruel, la misère, l'opprobre, l'échafaud me semblent moins affreux que d'appartenir à un monstre tel que vous !

VALTHER.

Imprudente !

THÉRÈSE.

Je n'ai plus rien à redouter ; livrez-moi donc à mes bourreaux ! faites subir à l'innocence tous les tourments réservés au crime ; mais jamais, non jamais, vous ne recueillerez le fruit de vos forfaits ! En m'apprenant à qui je dois la vie, vous m'avez inspiré l'orgueil de vous braver. O ma mère ! je n'avilirai point le sang que j'ai reçu de toi ! Barbare, vous avez vendu à mes ennemis les larmes que je verse, et vous voulez encore que la victime se livre elle-même à son bourreau ! jamais, plutôt la mort.

VALTHER.

Vous voulez donc me ravir tout espoir ?

THÉRÈSE.

Ah ! vous avez compté, je le sais, sur ma faiblesse, sur mes tourments : vous avez calculé, de sang-froid, toutes les douleurs dont je suis abreuvée ! Eh bien, tu t'es abusé, l'excès de l'infortune où tu m'as réduite m'a donné le courage et la force du désespoir ! ta cruauté soutiendra mon énergie. Tremble à ton tour ! écrasée par le malheur, je me relève pour demander vengeance, et les cris de ta victime vont retentir devant les tribunaux.

VALTHER.

Vous oseriez !...

THÉRÈSE.

Tout ! déjà un homme respectable a reçu mes révélations ; le saint caractère dont il est revêtu forcera le calomniateur à pâlir devant les juges éclairés par la vertu même. Oui, mon noble protecteur, conduit par la justice de Dieu, demain vous accusera.

VALTHER.

Moi !... malheureuse !... demain, dis-tu, demain l'on m'accusera ? tu viens de prononcer ton arrêt, demain tu n'existeras plus.

THÉRÈSE, reculant avec effroi.

Dieu !

VALTHER, la suivant.

N'appelle point.

THÉRÈSE.

Ah ! ne m'approchez pas.

VALTHER, cherchant des yeux et saisissant un couteau resté sur la table.

N'appelle point, te dis-je, ou ce fer étouffera tes cris.

THÉRÈSE, tombant sur un genou.

Arrêtez !

VALTHER, l'entraînant.

Pour la dernière fois, je t'ordonne de me suivre ! viens...

THÉRÈSE.

Non ! non ! jamais. Mon Dieu ! secourez-moi.

(On entend du bruit dans la maison.)

VALTHER.

Tes cris nous perdent. (Levant le couteau sur son
sein.) Il faut donc!...

THÉRÈSE, tombant à la renverse.

Ah!

DES VOIX DANS LA MAISON.

Nous v'là! nous v'là!

THÉRÈSE.

Grace! grace!

VALTHER.

On vient! jure-moi de garder le silence.

THÉRÈSE.

Je le jure.

(On entend ouvrir les verrous de la porte.)

VALTHER, à part et cachant le couteau dans son sein.

Sortons d'ici, j'y rentrerai bientôt, je recon-
naîtrai sa chambre.

Il s'éloigne rapidement par le fond de la cour. Thérèse
s'efforce de se relever; Mathurin et Brigite, à moitié
déshabillés, accourent avec des lumières. Le théâtre s'é-
claire.)

SCÈNE V.

BRIGITE, THÉRÈSE, MATHURIN.

MATHURIN, accourant.

Qu'est-ce que c'est, mon Dieu! qu'est-ce que
c'est!... (Il rencontre Thérèse, et recule effrayé.) Ah!

BRIGITE.

Eh! c'est mam'selle Henriette!

(Elle court et l'aide à se relever.)

MATHURIN, approchant sa lumière.

Mam'selle Henriette?

BRIGITE.

Qu'est-ce que vous faites donc là, mam'selle?
Quoi qu' vous avez? Pourquoi qu' vous êtes sor-
tie d'votre chambre?

MATHURIN, tremblant.

Est-ce que vous auriez entendu quenque
chose? est-ce qui y aurait des voleurs?

BRIGITE.

Ah! mon Dieu! comme elle est tremblante!
ses mains sont comme une glace.

MATHURIN.

Attendez, j'vas chercher mon fusil à deux
coups.

BRIGITE.

Eh non! appelle plutôt Nanette, qu'on la se-
coure, c'te pauvre fille.

THÉRÈSE.

Non! non! n'appelez personne, ne vous ef-
frayez pas... ce n'est rien... je me sens beaucoup
mieux.

BRIGITE.

Mais quoi qu' vous avez donc eu?

MATHURIN.

Pourquoi qu' vous n'êtes pas couchée?

THÉRÈSE.

Je ne sais... c'est... j'allais me retirer quand
j'ai cru entendre quelque bruit: inquiète, je

THÉRÈSE.

suis descendue avec ma lumière... un coup de
vent l'a éteinte.

MATHURIN, voyant et ramassant la lampe.

Tiens! c'est vrai, la v'là à terre.

THÉRÈSE.

Me trouvant dans l'obscurité, la peur m'a sai-
sie, et...

(On sonne très fort à la porte extérieure de la ferme.)

MATHURIN, effrayé.

Ah! ah! Seigneur! qu'eu souleur qu'ça m'a
fait!

BRIGITE.

Tiens! qui peut sonner si tard, et du côté d'la
grande porte? va donc voir, Mathurin.

MATHURIN, tremblant encore.

C'est... c'est p't-ét' l'vent qu'a soufflé la lumière de mam'selle... qui s'amuse à c't'heure à
sonner!...

(On sonne de nouveau.)

BRIGITE.

J'te dis qu'c'est du monde! dépêche-toi, y
pleut à verse! Nanette? Nanette?... on sonne à
la grande porte.

NANETTE, dans l'intérieur.

On y va, madame, on y va!

MATHURIN.

Attendez, Nanette, attendez-moi; j'vas avec
vous!

(Il rentre dans la ferme.)

BRIGITE.

Ça s'rait-y par hasard c'bon M. Egerthon
qui viendrait par rapport à vous?

THÉRÈSE.

M. Egerton! ah! s'il était vrai, je serais trop
heureuse; ce serait le ciel qui l'enverrait vers
moi.

BRIGITE.

Dame! vous m'avez dit qu'y d'vait vous accompagner; y peut ben s'faire, si son malade n'en
a pus besoin, que...

THÉRÈSE, qui écoute.

Paix!...

MATHURIN, accourant.

Femme! femme!...

BRIGITE.

Eh ben!

MATHURIN.

Ah! mon Dieu! tu n'sais pas?...

BRIGITE.

Certainement qu'je n'sais pas.

MATHURIN.

C'est madame, qui arrive.

THÉRÈSE.

Madame de Sénange!

MATHURIN.

Alle-même, en personne, avec monsieur son
fils: ça fait ben une aut' paire de manche!

THÉRÈSE, très émue.

M. Charles!

BRIGITE.

Si tard?

MATHURIN.

Y s'alliont coucher à Lausanne, accompagnés de M. Picard et de tous les domestiques : mais l' vent, la pluie, et la peur d' l'orage, leux a fait r'brousser chemin, là-bas, au bout du village, et c'est cheux nous qu'y vont passer la nuit.

BRIGITE.

Ah! mon Dieu! et mam'selle Henriette qu'est ici!

THÉRÈSE.

Que vais-je devenir? ah! cachez-moi, je vous en supplie! je n'oserai jamais paraitre devant madame de Sénange!

BRIGITE.

Un moment, n' perdons pas la tête... (A Mathurin.) Cours au-d'vant d' madame, fais l'y ben des politesses, ben d' l'embarras, tâche de n' les am'ner que l' pus doucement qu' tu pourras, et sur-tout n' t'avise pas d' les faire passer par la ferme, conduis-les tout l' long d' la cour, jusqu'ici.

MATHURIN.

Bah! tout l' long de la cour, et la pluie qui tombe? y vaut mieux...

BRIGITE.

Fais c' que j' te dis, dépêche-toi, et va ben doucement.

MATHURIN.

Mais, madame Mathurin, je ne peux pas me dépêcher doucement.

BRIGITE, le poussant.

Va donc, va donc; par la cour, entends-tu?

(Il rentre dans la ferme.)

SCÈNE VI.

THÉRÈSE, BRIGITE.

BRIGITE.

A présent, à nous deux, mam'selle : vous avez peur que madame n' vous trouve ici?

THÉRÈSE.

Ah! j'aimerais mieux mourir.

BRIGITE.

Moi pas, mais j' suis ben aise de n' pas m' compromettre, et j'aime autant qu'a n' sache rien. Le lit est-y défait?

THÉRÈSE.

Je n'y ai pas touché.

BRIGITE, montrant la ferme.

Entrez ben vite là-d'dans, j' vous cacherai dans la chambre à Nanette; et demain, drès l' jour, vous partirez sans qu'on vous voie.

THÉRÈSE.

Ah! je vous devrai la vie!

BRIGITE.

Allez vite.

THÉRÈSE.

Mes effets que j'ai laissés dans la chambre, si on les voit...

BRIGITE.

Vous avez raison; attendez.

(Elle prend une lampe et court les chercher.)

THÉRÈSE, à elle-même.

Hélas! comment résister à tant de coups à-la-fois? Valther menace mes jours... Charles... Charles est ici... Ah! s'il faut que mes malheurs augmentent, mon Dieu! donnez-moi donc la force de les supporter.

LA VOIX DE MATHURIN.

Par ici, prenez garde.

BRIGITE, revenant.

V'là vot' petit paquet; les v'là! eh! vite, enfermez-vous dans la salle qu'est au fond, à droite, et attendez-moi là.

(Elle fait entrer Thérèse dans la ferme, et tire la porte. — Madame de Sénange entre par la cour; des domestiques tiennent un manteau étendu sur sa tête pour la garantir de la pluie. Charles et Picard l'accompagnent. Mathurin marche devant avec une lanterne pour les éclairer.)

SCÈNE VII.

PICARD, Mme DE SÉNANGE, CHARLES, BRIGITE, MATHURIN, NANETTE, DOMESTIQUES.

MATHURIN, éclairant.

N' passez pas sous la gouttière... N' passez donc pas sous la gouttière... Par ici à présent... C'est ça... là... là... vous y v'là, madame. (Allant vite à Brigite.) C'est-y ben comme ça?

BRIGITE.

Oui.

MATHURIN, de même.

Où qu' t'as mis la jeune fille?

BRIGITE.

Chut!... vot' servante, madame. Nanette, allons donc, Nanette! une chaise à madame, une à monsieur.

MADAME DE SÉNANGE, à Nanette, qui apporte deux chaises.

Je vous remercie, mon enfant, cela n'est pas nécessaire; nous ne resterons point ici.

MATHURIN, à part.

J' crois bien, dans la grange!

BRIGITE, à Nanette.

Remportez, madame n'en veut pas. Madame et monsieur n' prendront-y pas queuqu' chose avant d' se coucher?

MADAME DE SÉNANGE.

Non, Brigite, nous allons nous retirer. Nos chambres sont-elles prêtes?

BRIGITE.

Oui, oui, madame, ça vous attend toujours. (A part.) Queu bonheur qu'a n' se soit pas couchée!

MADAME DE SÉNANGE.

Picard, faites porter dans ma chambre et dans celle de mon fils les effets qui sont dans la voiture.

PICARD.

Oui, madame.

(Il sort avec les domestiques.)

MATHURIN, qui depuis le commencement de la scène cherche par-tout.

Quoi qu'alle en a donc fait ?

BRIGITE, bas à Mathurin.

Veux-tu ben n' pas chercher comme ça !

MADAME DE SÉNANGE.

Pourrez-vous coucher mes gens ?

BRIGITE.

Certainement, madame; mon mari va les conduire, quand la voiture s'ra sous la r'mise, et les chevaux à l'écurie.

(Deux domestiques apportent et montent dans les chambres du pavillon une cassette et un porte-manteau.)

MATHURIN, bas et montrant à Brigite Charles, qui est plongé dans la rêverie.

Vois-tu comme l' jeune homme est triste ? Jarni ! s'y savait qu'alle est ici !...

BRIGITE.

Garde-toi bien d' l'y dire... oh! c'est qu' t'as eune langue... t' es pis qu'eune femme... Va-t'en préparer la chambre d'en haut pour les domestiques, pendant que j' vas donner un coup d'œil dans le pavillon. (A madame de Sénange, qui depuis un instant regarde son fils avec inquiétude.) J'allons voir chez madame si tout est ben en ordre, et dans eune minute j' l'avertirons.

MADAME DE SÉNANGE.

Allez, Brigite.

(Brigite prend une lumière et monte en faisant signe à son mari de s'en aller.)

MATHURIN, rentrant dans la ferme.

C'est eune fière tête que ma femme.

(Brigite est dans le pavillon, Mathurin est rentré, les villageois et Picard sont sortis ; madame de Sénange et son fils restent seuls.)

ooooooooooooooooooooooooooooooooooooooooooooooooooo

SCÈNE VIII.

Mme DE SÉNANGE, CHARLES.

MADAME DE SÉNANGE, s'approchant de Charles, qui est absorbé dans ses pensées.

Eh bien! Charles.

CHARLES, revenant à lui.

Pardon, madame, je ne m'étais pas aperçu qu'on vous avait laissée seule.

MADAME DE SÉNANGE.

Seule! puis-je l'être avec mon fils?... Eh quoi! mon ami, toujours la même douleur? Ne parviendrai-je à rappeler ni votre raison ni votre courage? Je sais quel pouvoir peut exercer l'amour sur une ame tendre et généreuse, quand l'objet en paraît digne, et qu'il s'offre paré de toutes les vertus que nous supposions à Thérèse.

CHARLES.

Ah! ma mère.

MADAME DE SÉNANGE.

Mais quand le bandeau est tombé de nos yeux, quand une créature aussi coupable...

CHARLES.

Arrêtez! ah! madame, si Thérèse était innocente?

MADAME DE SÉNANGE.

Quelle incroyable supposition!

CHARLES.

Le ministre la défend : vous connaissez sa vertu.

MADAME DE SÉNANGE.

Son cœur peut l'abuser : oubliez-vous qu'un jugement...?

CHARLES.

Eh! madame, est-il sans exemple qu'un innocent ait été condamné ?

MADAME DE SÉNANGE.

Quoi! vous osez la défendre? vous ne rougissez pas d'avouer votre amour?

CHARLES.

Non, ma mère; rappelez-vous donc toutes les vertus de cette aimable orpheline, sa douceur, sa bonté, cette candeur touchante qui s'accordent si mal avec le crime qu'on lui impute. Un cœur pervers se décèle aisément; un mot, un regard, un seul instant d'oubli suffit pour soulever le masque qui le déguise. Henriette a-t-elle un moment cessé d'être un modèle d'innocence et de vertu? tout en elle n'offret-il pas l'image de l'ame la plus pure, du cœur le plus aimant? vous la chassez... elle pleure et couvre de baisers la main qui la repousse : dans son malheur, où cherche-t-elle un refuge? sur le sein du plus vertueux des hommes. Ah ! ma mère, ce n'est point ainsi que se montre un cœur méchant. S'il faut en chercher un, c'est dans Valther qu'on peut le reconnaitre. Oui, cet homme doit être un monstre, j'en répondrais sur ma vie, et je ne tarderai peut-être pas à vous en donner la preuve.

MADAME DE SÉNANGE.

Quoi! vous auriez l'ingratitude d'accuser, de poursuivre un homme qui vient de vous sauver l'honneur ?

CHARLES.

L'honneur!... Pourquoi donc, s'il avait un si noble motif, s'est-il dérobé à ma reconnaissance? Non, non, madame, ce Valther porte dans tous ses traits le caractère du crime; son regard est affreux, son sourire même fait frémir, et telle est l'horrible impression que son aspect a laissée dans mon ame, que je ne puis moi-même définir si c'est la haine, la terreur, ou la vengeance que ce monstre m'inspire.

MADAME DE SÉNANGE.

Imprudent! Mon fils, c'est trop accorder d'indulgence à votre aveuglement. Vous aimez encore Thérèse... votre mère en rougit pour vous; mais, du moins, tant qu'elle respirera vous ne souillerez point le nom de votre père. Jamais l'orpheline de Genève ne rentrera dans ma maison.

CHARLES.

Quoi! si Thérèse...

(Brigite paraît en haut de l'escalier, Mathurin à la porte
de la ferme, et les domestiques dans le fond: tout le
monde s'arrête, écoutant les derniers mots que prononce
madame de Sénange.)

MADAME DE SÉNANGE , avec force.

Le ciel vous a garanti de ma faiblesse : un
jour vous lui en rendrez grace! pour moi, je
descendrai dans la tombe avant de consentir à
cette odieuse alliance.

CHARLES.

Ah! ma mère...

MADAME DE SÉNANGE , apercevant tout le monde.

Respectez-vous devant vos gens.

SCÈNE IX.

MATHURIN, Mme DE SÉNANGE, CHARLES,
BRIGITE, PICARD, DOMESTIQUES.

MATHURIN , à part , tandis que Brigite descend.

Jarni !... c'est ma fi pour de bon.

BRIGITE.

Tout est prêt cheux madame.

MATHURIN , aux domestiques.

Vos lits sont faits , vous pouvez v'nir ; monsieur Picard , j'vous ons réservé l'plus meilleur.

PICARD , qui tient des pistolets.

Bien obligé, père Mathurin. (A Charles.)
Monsieur veut-il que je lui monte ses armes?

MADAME DE SÉNANGE , jetant un regard sur son fils.

Cela n'est pas nécessaire, reportez-les dans la
voiture.

PICARD.

Ah!... cependant monsieur a l'habitude...
(Madame de Sénange lui fait un signe.) J'obéis, madame. (A Mathurin.) Vous m'attendrez , j'ai
encore quelque chose à ranger.

MADAME DE SÉNANGE.

Brigite , éclairez-nous.

MATHURIN , aux domestiques.

Par ici , mes enfants !

(Picard sort par la cour; les autres domestiques suivent
Mathurin de l'autre côté ; madame de Sénange et Charles
montent avec Brigite, qui les éclaire. Arrivés dans la première chambre , Brigite donne un flambeau à Charles ,
et passe la première avec un autre flambeau chez madame
de Sénange; prêt à se séparer, Charles prend la main de
sa mère et la baise avec respect. Madame de Sénange
entre dans sa chambre , et Charles reste seul avec un
flambeau dans la première petite pièce , et devant la
fenêtre et la table où Thérèse écrivait.)

SCÈNE X.

CHARLES , seul.

(Charles, prêt à se retirer, jette machinalement les yeux
sur la table qui se trouve devant lui , pose son flambeau ,
et saisit un papier.)

Que vois-je?... grand Dieu! n'est-ce point
une illusion !... cette écriture est celle d'Henriette !... lisons... oui... oui... ce sont des adieux
qu'elle adresse à ma mère !... la lettre n'est point
achevée... cette plume... cette écritoire... une
chaise placée devant la table... tout semble in-
diquer que c'est ici... ô ciel! y serait-elle
venue?... y serait-elle encore?... Éclaircissons
ce mystère... Ah! si je pouvais la voir, lui parler !... mon cœur ne cesse de me dire qu'elle
n'est point coupable! J'entends Brigite qui
revient.. laissons-la descendre... que ma mère
ne soupçonne rien !

(Il entre dans la pièce du fond ; Brigite paraît avec sa lumière; elle s'arrête encore à la porte de la chambre de
madame de Sénange, comme si elle lui parlait et rece-
vait des ordres ; jette ensuite un coup d'œil par-tout , et
descend. Pendant ce temps , Mathurin est revenu.)

SCÈNE XI.

BRIGITE, CHARLES; MATHURIN, qui paraît
aussitôt que Brigite est descendue.

MATHURIN , pendant que Brigite est dans le pavillon.

Les v'là casés ; n'y a pus que l'père Picard à
mettre coucher... (Il fait un éclair.) Jarni !... ça
m'a tapé dans l'œil ! v'là-t-y l'orage à présent
qui va v'nir?... y n'manquerait pus qu'ça pour
qu'je ne dormions point d'la nuit ! mais où diable ma femme a-t-elle donc caché c'te pauvre
Henriette?... (Brigite descend.) La v'là, j'vas l'y
demander ; faudra ben qu'a me le dise.

(Charles revient dans la chambre du pavillon aussitôt que
Brigite en est descendue.)

BRIGITE , d'un air empressé.

Dis donc, Mathurin ?...

MATHURIN , de même.

Où que tu l'as mise?

BRIGITE.

As-tu vu...?

MATHURIN.

Non.

BRIGITE.

Si fait! t'étais là...

MATHURIN.

J'te dis que j'la cherche...

BRIGITE.

Quand madame a dit : *Tant que je respirerai
vous n'souillerez pas le nom de votre père, et je
descendrai plutôt dans la tombe...*

CHARLES , appelant à voix basse du haut de l'escalier.

Mathurin? Brigite?

(Tous les deux , surpris, reculent d'un pas , et se tournent
de manière qu'ils se trouvent dos à dos.)

MATHURIN.

Hem ?

BRIGITE.

Qu'est-ce que c'est ?...

CHARLES.

Par ici !

MATHURIN et BRIGITE, se retournant nez à nez,

Ah !...

CHARLES.

Chut!... attendez-moi...

BRIGITE, qui est tournée du côté du pavillon.

Tiens ! c'est monsieur Charles !

CHARLES.

Je descends vous parler.

BRIGITE, à son mari.

Ah ! mon Dieu, quoi qu'y veut donc ? est-ce qu'y saurait qu' mam'selle Henriette...?

CHARLES.

Mes amis, ne craignez rien de moi; je ne veux point vous trahir, je vous jure de ne rien dire à ma mère ; mais, je vous en supplie, ne me cachez point la vérité ! Henriette est venue chez vous ?

MATHURIN, vite.

Oui.

BRIGITE, presque en même temps.

Non.

CHARLES.

Comment ?

(Brigite fait des signes à Mathurin pour qu'il ne parle pas.)

MATHURIN.

N'aie donc pas peur, femme, tu vois ben qu' monsieur n'en veut pas à c'te pauvre demoiselle ! Oui, monsieur Charles, all' est venue chez nous, et, ben mieux qu' ça, alle y est encore.

CHARLES.

Elle est ici ! ô mes amis, je vous devrai plus que la vie si vous me permettez de lui parler un instant.

MATHURIN.

Quant à c' qu'est d' ça, d'mandez à ma femme, car je n' savons pas ous qu'alle l'a cachée.

CHARLES.

Ma chère Brigite, je vous en conjure, tout ce que je possède...

BRIGITE.

Fi donc ! je n' voulons rien du tout. Allons, j' vas la chercher ; mais je n' vous réponds pas d' l'amener, car elle a si peur, si peur d' vous voir...

CHARLES.

Ne lui dites pas que c'est moi qui la demande, une crainte injuste l'arrêterait peut-être, et Dieu lit dans mon cœur le sentiment qui me guide.

MATHURIN, à sa femme.

Va.

BRIGITE.

Attendez-moi là, je r'viens tout d' suite.

(Elle entre dans la ferme.)

CHARLES.

Chère Henriette, je vais donc te revoir; ah ! du moins je pourrai lui jurer que je l'aimerai toujours.

MATHURIN, venant à Charles.

Alle est allée : ma femme, voyez-vous, c'est une femme comme elles sont presque toutes;

alle crie, alle tempête, alle a toujours son bonnet d' travers : mais, au milieu d' tout ça, là, dans l' fond, alle a queuque chose de bon, et ça fait que j' l'aime...

CHARLES.

Paix !

MATHURIN.

V'là vot' chère demoiselle.

(Brigite amène Thérèse. Il passe quelques éclairs, et le tonnerre gronde dans l'éloignement.)

SCÈNE XII.

BRIGITE, MATHURIN, THÉRÈSE, CHARLES.

(Charles et Mathurin se retirent un peu pour laisser passer Thérèse.)

BRIGITE.

V'nez donc, mam'selle, n'ayez pas peur, madame est couchée.

THÉRÈSE, avec inquiétude.

Pourquoi me ramenez-vous ici ? n'entendez-vous pas comme le tonnerre gronde ? Ah! rentrons...

BRIGITE, la retenant.

V'là queuqu'un qui veut vous parler.

THÉRÈSE, plus effrayée.

Quelqu'un ? Ah ! je ne veux pas...

CHARLES, lui prenant la main.

Henriette ! c'est votre ami, c'est Charles.

THÉRÈSE.

Dieu ! monsieur Charles ! quoi ! c'est vous ?

(Charles lui prend une main, et de l'autre elle porte son mouchoir à ses yeux.)

MATHURIN, attirant Brigite de l'autre côté.

V'là qu'alle n'a d'ja pus si peur; faut les laisser jaser.

CHARLES.

Mon amie, pourquoi détourner de moi vos regards? me craignez-vous? Charles ne vous a jamais crue coupable.

THÉRÈSE.

Est-il vrai ? je ne suis donc plus si malheureuse ! non, non, monsieur Charles, je n'ai jamais commis l'horrible action dont on m'accuse. Le monstre qui me poursuit connaît mon innocence, il en a toutes les preuves !... Mais il veut me contraindre, à force de persécutions, à lui donner le droit de s'emparer lui-même de la fortune qu'on m'a ravie!

CHARLES.

Que dites-vous? quoi! mademoiselle, ce Valther, ce cruel, oserait prétendre à votre main ?

THÉRÈSE.

Ah ! je préférerais la mort à cet hymen.

MATHURIN.

Entends-tu ça?

CHARLES.

O mon amie! ce que vous m'apprenez, en

excitant mon indignation, m'ouvre cependant les yeux, et me rend l'espérance! Valther est un scélérat! Mais est-il donc impossible de démasquer un fourbe? il peut, dites-vous, prouver votre innocence! eh bien! je les aurai, ces preuves! oui, mon amie, je les aurai; dussé-je les arracher les armes à la main! il ne m'échappera plus. Je serai sur ses traces, comme le monstre est sur les vôtres, et c'est moi, c'est Charles qui vous rendra l'honneur et la tendresse de sa mère.

THÉRÈSE.

De votre mère?... Ah! jamais! le serment qu'elle vient de prononcer...

CHARLES.

Le serment?

THÉRÈSE, montrant la porte de la ferme.

J'étais là derrière cette cloison... Privée du bonheur de voir ma bienfaitrice, je m'étais approchée pour entendre du moins votre voix et la sienne... Ah! tout espoir est perdu pour moi! *Tant que je respirerai*, s'est écriée votre mère, *vous ne souillerez point le nom de mon époux! je descendrai dans la tombe avant de consentir à cette odieuse alliance.*

BRIGITE, à Mathurin.

Alle a entendu ça!...

THÉRÈSE.

Ah! monsieur Charles, tous les maux que m'a fait éprouver Valther n'avaient jamais frappé si cruellement mon cœur.

CHARLES.

Chère Henriette, ma mère ne sera point injuste : son cœur vous est connu ; si jamais...

PICARD, au fond de la cour.

Monsieur Charles?

THÉRÈSE, effrayée.

Ah!

CHARLES.

C'est Picard.

THÉRÈSE.

Séparons-nous, je tremble d'être aperçue!

CHARLES.

Ne vous verrai-je plus?

THÉRÈSE.

Votre mère le défend.

PICARD, de même.

Monsieur Charles?

THÉRÈSE.

Ah! laissez-moi m'éloigner!

CHARLES.

Daignez au moins m'apprendre où vous portez vos pas.

THÉRÈSE.

Je ne puis... je dois vous fuir! mais mon cœur ne cessera jamais de vous aimer!

(Picard s'approche.)

BRIGITE.

V'nez ben vite!

MATHURIN.

V'là monsieur Picard.

CHARLES, lui baisant la main.

Adieu!... adieu! chère Henriette!

(Brigite et Mathurin emmènent Thérèse dans la ferme. Picard entre sous le hangar d'un air tout effaré.)

SCÈNE XIII.

CHARLES, PICARD.

PICARD.

Ah! vous voilà, mon cher maître? Je vous croyais là-haut.

CHARLES.

Que me voulez-vous?

PICARD.

Chut! parlons plus bas, s'il vous plait.

CHARLES.

Pourquoi?

PICARD.

Je viens de voir quelque chose de bien extraordinaire.

CHARLES.

Quoi donc?

PICARD.

Le diable d'homme qui ce matin est venu au château, qui a brouillé toutes les cartes, et a disparu tout d'un coup après cette belle algarade...

CHARLES.

Eh bien?...

PICARD.

Il est ici.

CHARLES.

Valther?

PICARD.

Chut! comme je rangeais dans la voiture, tout d'un coup j'ai vu comme une figure d'homme sortir du bois qui touche à la ferme, passer par-dessus la palissade, s'avancer à pas de loup, et rôder autour de la voiture. Fort étonné, j'ai mis la tête à la portière, et, comme au même instant il a fait un éclair, j'ai reconnu mon maudit questionneur se faufilant le long des murs, et gagnant de ce côté.

CHARLES.

Il est ici!... le misérable!... sans doute il poursuit sa victime!... Picard, qu'avez-vous fait de mes armes?

PICARD.

Ah! mon Dieu! mon cher maître!... que prétendez-vous faire?

CHARLES.

Point d'observations inutiles! où sont-elles?

PICARD.

Elles sont dans la voiture; mais, monsieur...

CHARLES.

Venez!

PICARD.

Comment! sans prévenir madame?

CHARLES.

Suivez-moi! sur-tout point de bruit... allons chercher mes armes! S'il est vrai que Valther soit ici, ce monstre ne portera pas plus loin l'impunité de ses forfaits! Venez, hâtons-nous.

(Il entraîne Picard.)

PICARD.

Oh! je n'ai garde de vous quitter, mon cher maître.

(Ils sortent : les éclairs redoublent, le tonnerre gronde avec force ; Valther entre avec précaution. La nuit est très obscure.)

SCÈNE XIV.

VALTHER, seul.

Tout le monde est retiré... je suis seul... il n'y a point à balancer. J'ai reconnu la voiture de madame de Sénange : son fils est ici, ils sont tous accourus sur les pas de Thérèse ; nul doute que l'amour ne l'emporte, et je serais perdu s'ils s'unissaient contre moi. (L'orage redouble.) C'est bien ici que je suis entré... voici la table... l'escalier... c'est dans cette chambre que Thérèse repose... la porte en face de la croisée... j'ai tout observé... l'obscurité, le bruit du tonnerre, tout me favorise... écoutons... je n'entends que les éclats de la foudre... marchons!... j'y vois à peine... je frémis malgré moi!... Du courage! il faut qu'elle meure! (Il tire le couteau qu'il avait caché dans son sein, et monte.) La porte est ouverte... (Regardant dans la grange.) Personne ne paraît... (Indiquant la porte.) Là, allons. (Il ferme la fenêtre, entre précipitamment : au moment où il entre, Charles et Picard traversent le fond de la cour en cherchant. On entend pousser un cri plaintif dans le pavillon; au même instant la foudre tombe sur ce bâtiment, en fait écrouler une partie et l'embrase. Valther, épouvanté, en sort dans un désordre affreux, et descend rapidement.) Grand Dieu!... c'est la foudre... Thérèse n'est plus! je suis sauvé!... (Des cris se font entendre.) Quel tumulte!... fuyons! personne ne m'a vu! (Il fuit par le fond, les cris redoublent dans la ferme, Thérèse en sort la première.)

SCÈNE XV.

THÉRÈSE, sortant de la ferme et voyant le pavillon en flammes.

Quel bruit! quels éclairs terribles! ah! madame de Sénange est perdue! (Elle se précipite dans le pavillon malgré les flammes, en criant:) Au secours! au secours!...

(Au même instant, Mathurin, Brigite, Nanette, tous les domestiques, sortent de la ferme, ou viennent par la cour, Charles et Picard accourent également.)

SCÈNE XVI.

CHARLES, MATHURIN, BRIGITE, PICARD, THÉRÈSE, NANETTE, DOMESTIQUES, etc.

MATHURIN.

Ah! c'est l' tonnerre qu'est tombé sur la grange. Au feu! au feu!

CHARLES, accourant.

Grand Dieu! la flamme dévore ce pavillon. Ma mère! ma mère!

MATHURIN.

Courez, sauvez madame de Sénange!...

(Tout le monde va pour se précipiter; Thérèse paraît au haut de l'escalier, au milieu des flammes; pâle, les cheveux épars et tenant un couteau.)

THÉRÈSE.

Il n'est plus temps... madame de Sénange est assassinée!

TOUT LE MONDE.

Assassinée!...

CHARLES.

Juste ciel!

(Il veut courir.)

THÉRÈSE.

Voilà... voilà son sang! c'est moi... c'est moi!...

(Elle tombe sans connaissance.)

CHARLES, se précipitant sur l'escalier.

Ma mère!... (Des flammes sortent du pavillon, et il tombe sur les marches.) Ah! je me meurs!...

(Les uns regardent Thérèse avec effroi. Les autres courent empêcher Charles de se précipiter de nouveau dans les flammes. L'incendie éclaire ce tableau général, et la toile tombe.)

ACTE TROISIÈME.

Le théâtre représente la grande salle de la ferme; au-delà est la cour principale; tous les bâtiments qui l'entourent viennent d'être la proie des flammes; ils sont en ruine, encore fumants.

SCÈNE I.

BRIGITE, PICARD, NANETTE, VILLAGEOIS, VILLAGEOISES.

(Le lever du rideau offre le tableau des suites et des travaux d'un incendie. Au fond de la cour des villageois forment une chaîne, et passent rapidement les seaux de mains en mains; d'autres portent des échelles, des haches et d'autres instruments. Des groupes de femmes traversent au milieu des ouvriers d'un air effrayé et portant des effets. Quelques ouvriers, assis dans un coin de la salle, se reposent sur leurs instruments, et paraissent accablés de fatigue.)

BRIGITE entre au milieu de tout ce mouvement.

Ah! mon Dieu!... mon Dieu! queu malheur! queu désolation! (Aux ouvriers.) Courage, mes amis! courage! n' m'abandonnez pas, ou j' sommes perdus, ruinés!... (Venant à ceux qui sont assis.) Comment vous autres, vous n'avez pas à boire? Nanette? Nanette?

NANETTE, accourant avec des verres et un broc.

Madame? madame?...

BRIGITE.

Allons donc, Nanette, donne-leux du vin, d'l'eau-de-vie, tout c'qui a dans la maison; y n'en peuvent pus! y meurent de chaud!

(Nanette verse à boire aux ouvriers. Picard entre par une porte latérale, marchant vite comme pour traverser.)

BRIGITE, l'arrêtant.

Ah! c'est vous, mon bon monsieur Picard, queu nouvelles?

PICARD.

Madame Brigite, rassurez-vous! le magistrat lui-même s'est mis à la tête des ouvriers, et M. Egerthon, qui vient aussi d'arriver, encourage tout le monde; on travaille, on sauvera la ferme...

BRIGITE.

Vous croyez qu'on la sauvera, monsieur Picard?

PICARD.

Oui; mais madame de Sénange, notre bonne maîtresse... ah! madame Brigite...

BRIGITE.

Faut y qu'un malheur comme ça soit arrivé dans notre maison!

PICARD.

Je vous laisse; je cours auprès de mon jeune maître, de mademoiselle Henriette, de tout le monde! c'est un désespoir!...

(Il sort; les ouvriers qui se reposaient retournent aussi à l'ouvrage.)

BRIGITE, avec humeur.

Mademoiselle Henriette! mademoiselle Henriette! y semble que la malédiction soit entrée cheux nous avec elle. Et mon pauvre mari qui est dans l'milieu du feu! Nanette? Nanette?...

NANETTE.

N'vous affectez donc pas comme ça, madame Brigite; tout l'bâtiment neuf est flambé, c'est vrai, mais v'là qu'est fini, on n' voit déja pus d'flamme, et, ma fi, c'est heureux, car l'abreuvoir est à sec! Eh! t'nez, v'là not' maître!

(Mathurin revient par la cour tout décoiffé, ses habits sont roussis.)

SCÈNE II.

BRIGITE, MATHURIN, LES OUVRIERS.

MATHURIN.

Ouf! assez, assez, mes enfants; l'feu est éteint!... courez ben vite là-bas, tâchez d'sauver encore queuqu' chose; allez, mes amis! j'm'en rapportons à vot' bon cœur. (L'ouvrage cesse, et les ouvriers courent d'un autre côté.) Ouf! j'n'en peux pus, madame Brigite, j'ne suis pus qu'eau! t'nez, r'gardez-moi, j'dégoutte de tous côtés.

BRIGITE.

Hélas! mon Dieu! t'es tout rôti!

MATHURIN.

Pardi, j'crois ben! j'ai pris feu par en haut; heureusement qu'on m'a éteint; autrement j'aurais brûlé jusqu'ici sans m'en apercevoir; dans la chaleur... A propos, console-toi, les bêtes sont sauvées, et la récolte aussi: mais, jarni, jarni! queu dommage! une si belle grange!...

BRIGITE.

Et eune personne assassinée cheux nous! not' bonne maîtresse!...

MATHURIN.

Et dire qu'on n'a pas pu trouver l'assassin! c'n'est pas l'embarras, toute la commune est sus pied; les gardes-chasses, les forestiers, entourent le bois jusqu'au pont, et, jarni! pour que l'coquin leux échappe, y faudra que l'diable l'enlève!

BRIGITE, mystérieusement.

A propos d'ça... dis donc, Mathurin...

(Elle le mène à l'écart, et regarde bien si personne ne l'entend.)

MATHURIN.

Qu'est-c' que c'est?... eh ben! quoi donc?

BRIGITE.

L'magistrat t'a-t-y parlé c'te nuit?

MATHURIN.

Pardi! y m'a fait pus de cent questions.

BRIGITE.

Sus qui?

MATHURIN.

Ah! dame!... sus un tas d' choses... principalement sus la jeune demoiselle.

BRIGITE.

C'est singulier !... à moi aussi.

MATHURIN.

Bon !

BRIGITE.

Quoi qui t'a d' mandé ?

MATHURIN.

Ben... qui qu'alle est, d'où là ous qu'alle vient, où là ous qu'alle va, quoi qu'alle faisait cheux nous, pourquoi qu'a si cachait; et puis son amour, son mariage; enfin des quanquan, quoi, comme si on n'avait qu'à causer quand eune maison brûle.

BRIGITE.

Quoi qu' t'as répondu ?

MATHURIN.

Ma fi, je m'en souviens guère; et puis, dans un feu comme ça, on s' brûle un peu la politesse.

BRIGITE.

Tiens, Mathurin, j' crois qu'y en a sus l' compte de c'te jeune fille beaucoup pus qu'alle ne nous en a dit, et je m' mords ben les pouces d' l'avoir reçue cheux nous.

MATHURIN.

Bah !

BRIGITE.

Alle est là, dans une chambre ous qu'alle s'évanouit à tous moments, et, quand alle revient, a parle, a parle, sans savoir c' qu'a dit. *Pourquoi suis-je venue ici ! c'est moi qui aurais dû périr !* et puis ben d'autres propos ous qu'on ne peut rien comprendre; après ça, alle se croit à Genève; alle se défend comme si on l'accusait; alle vous débite tout plein de noms qui lui passent par la tête; enfin on dirait qu'alle a perdu l'esprit. M. Charles, M. Egerthon, personne n' peut la calmer, tant y a que, si c' n'était pas eune jeunesse, alle s'rait capable de s'faire soupçonner.

MATHURIN.

Soupçonner... Attends donc !... à présent, je m'souviens... Chut!... qu'est-ce que j'entends ?... (Des villageois et villageoises remplissent la cour, en portant tous leurs regards du même côté.) Ah ! mon Dieu! ce s'rait-y encore queuqu' malheur ?

SCÈNE III.

BRIGITE, NANETTE, MATHURIN;
VILLAGEOIS, au fond.

NANETTE, accourant.

Madame! madame!...

BRIGITE.

Qu'est-c' que c'est donc ?

MATHURIN.

Quoi qu'y a ? pourquoi tout c' monde ?

THÉRÈSE.

NANETTE, pleurant.

Ah ! madame... not' maître... c'est l' corps de madame de Sénange qu'on a, c'te nuit, retiré des flammes, et que monsieur l' magistrat fait transporter.

BRIGITE.

Ah ! mon Dieu ! c'est not' bonne, not' chère maîtresse !

MATHURIN.

Chut ! femme... la v'là !

(Des ouvriers, traversant le fond de la cour lentement, et comme précédant le corps : les uns pleurent, les autres s'approchent avec respect. Tout-à-coup des cris se font entendre.)

LA VOIX DE CHARLES.

Ma mère ! ma mère !

MATHURIN.

Ah ! mon Dieu ! c'est M. Charles !

(On ferme précipitamment la porte, tout est caché, et Charles, s'arrachant des bras de Picard et d'Egerthon, entre en cherchant par-tout des yeux.)

SCÈNE IV.

LES PRÉCÉDENTS, CHARLES, EGERTHON, PICARD, DOMESTIQUES.

CHARLES.

Ah ! laissez-moi, laissez-moi lui dire un éternel adieu !

PICARD.

Mon cher maître !...

MATHURIN et BRIGITE, l'entourant avec beaucoup d'autres.

Monsieur Charles !...

CHARLES.

Cruels, vous m'empêchez d'arroser de mes larmes tout ce qu'il me reste de la plus tendre mère ! vous m'arrachez cette dernière consolation!... O ma mère ! je jure devant Dieu, dont la justice doit frapper ton exécrable assassin, de ne plus connaître ni repos, ni bonheur, que le monstre qui m'a privé de toi n'ait expié ce forfait au prix de tout son sang.

EGERTHON.

Oui, monsieur Charles, oui, noble et malheureux fils ! le ciel exaucera vos vœux ! Votre mère reçoit maintenant le prix de ses vertus, et le meurtrier n'échappera point à la vengeance divine.

(Des cris de femmes et un grand tumulte se font entendre. Tout le monde regarde avec effroi. Thérèse accourt éperdue, poursuivie par quelques hommes armés.)

SCÈNE V.

LE MAGISTRAT, CHARLES, THÉRÈSE, EGERTHON, MATHURIN, BRIGITE, VILLAGEOIS, VILLAGEOISES, PICARD, HOMMES ARMÉS.

THÉRÈSE, accourant.

Sauvez-moi !... sauvez-moi !...

CHARLES.

Henriette !...

EGERTHON.

Ma fille !...

THÉRÈSE, se jetant dans les bras d'Egerthon.

O mon père, ne m'abandonnez pas, vous savez que je suis innocente ! ah ! ne permettez pas qu'ils m'arrachent de vos bras.

(Les hommes qui la poursuivaient font un mouvement pour la saisir.)

CHARLES, se jetant devant eux.

Arrêtez ! que faites-vous !

EGERTHON.

Monsieur le magistrat, vous souffrez cette violence?

LE MAGISTRAT.

On exécute les ordres que j'ai donnés, monsieur; c'est moi qui leur ai prescrit d'arrêter cette jeune fille.

CHARLES.

Henriette ?

EGERTHON.

Grand Dieu !...

THÉRÈSE.

Hélas ! qu'ai-je donc fait ?

LE MAGISTRAT.

J'aurais voulu, messieurs, vous épargner à tous les deux ce nouveau sujet d'affliction, car je connais l'intérêt que vous portez à cette jeune personne, qui, sans doute, vous est inconnue...

THÉRÈSE.

O ciel !...

LE MAGISTRAT.

Puisqu'il le faut, vous saurez la vérité. Au milieu de l'effroi général et du tumulte de cette nuit, mes fonctions m'obligeaient aux recherches les plus sévères, et mes regards s'attachaient également sur tous ceux qui m'environnaient. Le trouble de mademoiselle, le désordre où paraissait être sa raison, fixèrent plus particulièrement sur elle mon attention ; et les discours, les aveux qui lui sont échappés dans son égarement, m'ont conduit à reconnaître en elle cette orpheline de Genève, que les tribunaux ont frappée, que la justice n'a point encore atteinte, et que mon devoir m'oblige de livrer aux magistrats de son pays...

EGERTHON, à part.

Elle est perdue !...

CHARLES.

Quoi ! monsieur, vous savez...?

LE MAGISTRAT.

Elle se nomme Thérèse !

MATHURIN, BRIGITE, PICARD, et TOUS LES VILLAGEOIS.

Thérèse !...

THÉRÈSE.

C'en est donc fait !

CHARLES.

Ah ! monsieur, je vous jure qu'elle n'est point coupable ! c'est une horrible imposture...

LE MAGISTRAT, l'arrêtant.

Prenez garde, monsieur de Sénange... ne la défendez pas ; vous pourriez involontairement outrager la mémoire de votre mère !...

CHARLES.

De ma mère !... oh ! non, non, je ne serais coupable que si je doutais de la bonté, de la justice de ma mère !... non, monsieur, Thérèse...

LE MAGISTRAT.

Arrêtez ! vous dis-je !

THÉRÈSE.

Hélas ! monsieur Charles, ne me défendez plus, abandonnez-moi tous ! vous le voyez, le malheur s'attache à mes pas ; il frappe aveuglément jusqu'à ceux qui m'approchent.... Laissez-moi subir mon sort, je n'ai plus le courage ni la force de le combattre.

EGERTHON.

Trop malheureuse fille !

LE MAGISTRAT, aux hommes qui ont suivi Thérèse.

Faites éloigner mademoiselle.

EGERTHON.

Monsieur le magistrat, je vous déclare que je ne la quitterai point ; votre devoir, je le sais, est de la livrer à ceux qui l'ont condamnée. Convaincu de son innocence, le mien est d'aller la défendre : je paraîtrai devant les juges, je présenterai quarante années d'une vie sans reproche pour garants de sa vertu, et peut-être m'écoutera-t-on. Monsieur le magistrat, vous pouvez ordonner qu'on nous conduise à Genève.

LE MAGISTRAT.

Une résolution si généreuse, dans un homme de votre caractère, ne peut être que le résultat de la plus forte conviction ; il est donc de mon devoir d'éclairer votre conscience. Brigite, conduisez mademoiselle dans une salle voisine. (Aux hommes qui devaient l'arrêter.) Vous veillerez sur elle. (A Egerthon.) Je vous promets qu'elle ne partira point sans qu'on vous ait prévenu.

CHARLES.

Rassurez-vous, mademoiselle, vous aurez toujours en nous des amis et des défenseurs.

THÉRÈSE.

Ah ! je vous coûte assez de larmes !... Monsieur Charles... mon protecteur !... si je dois vous quitter pour toujours, ne me condamnez pas, c'est tout ce qu'il me reste à demander au ciel.

(Elle couvre de baisers les mains du pasteur.)

MATHURIN, à Brigite.

Alle n'a pourtant pas l'air pus méchante que moi.

BRIGITE.

C'pendant si c'est Thérèse ?

EGERTHON.

Allez, ma fille... sur-tout ne doutez point de la justice de Dieu.

(Brigite emmène Thérèse, que suivent les gens armés. Mathurin fait signe aux villageois de le suivre, et les emmène tous.)

SCÈNE VI.

CHARLES, LE MAGISTRAT, EGERTHON.

LE MAGISTRAT.

Messieurs, l'un et l'autre, je viens de le voir avec la plus grande surprise, vous connaissiez Thérèse?

EGERTHON.

Oui, monsieur.

LE MAGISTRAT.

Et tous les deux, abusés par des dehors trompeurs, et plus encore peut-être par cette noble incrédulité que les ames vertueuses ont pour les grands forfaits, vous ne pouvez ajouter foi au crime dont s'est rendue coupable cette jeune orpheline?

EGERTHON.

Non, monsieur.

LE MAGISTRAT.

Quelle sera donc votre surprise quand je vous apprendrai que les plus fortes apparences semblent l'envelopper encore dans le crime commis cette nuit?

CHARLES.

Grand Dieu!

EGERTHON.

Quelle horrible supposition!

LE MAGISTRAT.

On voit peu de forfaits se commettre sans quelque complice. Répondez-moi, messieurs : connaissez-vous quelqu'un qui pouvait être l'ennemi de madame de Sénange?

CHARLES.

De ma mère!

EGERTHON.

Non, monsieur; tout le monde la chérissait, et personne n'eut jamais à s'en plaindre.

LE MAGISTRAT.

Personne, dites-vous? on s'irrite quelquefois d'un acte de rigueur que la justice et le devoir prescrivent. Que se passa-t-il hier au château? celle qui vous trompait fut chassée par madame de Sénange, et perdit tout-à-coup le plus brillant espoir : rejetée du sein de votre famille, où porta-t-elle ses pas? dans cette ferme où votre mère passait souvent la nuit : elle y vient secrètement, demande à s'y cacher : à peine l'a-t-on reçue qu'un homme, qui la suivait dans l'ombre, s'introduit sur ses pas, à l'insu de ses hôtes, avec tout le mystère dont s'entoure le crime, et l'on surprend Thérèse, hors de la chambre qu'elle occupait, et dans un trouble inconcevable. En ce moment vous arrivez : son effroi redouble, elle conjure ses hôtes de ne point révéler sa présence : elle entend votre mère... et, pesez bien ces mots, elle entend votre mère prononcer le serment que *tant qu'elle existera vous ne formerez point une odieuse union*. On se retire, tout parait calme; l'homme qui la suivait est aperçu de nouveau. Tout-à-coup la foudre éclate, des cris retentissent, on accourt, et l'on voit Thérèse, pâle, égarée, sortir de la chambre où votre mère expire, et s'écrier, un fer sanglant à la main : C'est moi! c'est moi!

CHARLES.

Arrêtez! arrêtez! vous me glacez d'horreur. Ah! grand Dieu! quel tableau!... quoi... Thérèse...! non, non, c'est impossible! mais quel était cet homme qui la suivait?

LE MAGISTRAT.

Je l'ignore, on le cherche. (A Egerthon.) Eh bien, monsieur, vous gardiez le silence?

(Charles paraît réfléchir.)

EGERTHON.

Je suis effrayé de la persévérance que le sort semble mettre à poursuivre cette infortunée. Non, monsieur, Thérèse n'est pas coupable; mais il n'est point d'innocence qui puisse lutter contre tant de malheurs; la main qui veut la secourir la précipite dans un nouvel abîme. Jusqu'à ses vertus mêmes, tout semble prendre, pour l'accabler, un aspect criminel. O mon Dieu! faudra-t-il qu'elle succombe, permettrez-vous que Valther triomphe?

CHARLES.

Valther... un homme a suivi Thérèse... Il se cachait, dites-vous?

LE MAGISTRAT.

J'en ai la certitude.

CHARLES.

C'est Valther.

EGERTHON.

Que dites-vous?

CHARLES.

Mon esprit agité, troublé par tant d'horribles images, avait perdu tout autre souvenir; mais ce nom de Valther semble rallumer mon sang et rappeler mes esprits. Oui, c'est lui, c'est ce monstre qui se trainait dans l'ombre, qui cherchait sa victime. Je l'aperçus, je pris mes armes, je courus sur ses traces; mais, grand Dieu! je ne vis plus que des flammes et le sang de ma mère.

EGERTHON.

Valther était ici?

LE MAGISTRAT.

Cet homme en voulait-il aux jours de madame de Sénange?

(Charles reste interdit.)

EGERTHON.

Monsieur le magistrat, je ne puis me rendre compte à moi-même des idées confuses qui se présentent à mon esprit... La présence de Valther en ces lieux doit cacher quelque horrible mystère; il me semble qu'un rayon de lumière s'efforce de percer les plus épaisses ténèbres; daignerez-vous m'accorder assez de confiance pour me permettre d'entretenir Thérèse un moment sans témoins?

LE MAGISTRAT.

Quand ce ne serait pas un droit attaché à votre ministère, je m'empresserais de vous l'accorder. Je ne puis rendre un plus juste hommage à vos vertus qu'en vous priant de me seconder dans la recherche de la vérité. Je vais vous envoyer Thérèse ; mais, je dois l'avouer, je ne partage point votre espoir.

CHARLES , à Egerthon.

L'excès de ma douleur ne me rend point injuste : comme vous, je connais le cœur de Thérèse... mon ami , mon père, nous la justifierons.

(Egerthon lève les yeux au ciel d'un air d'incertitude et d'affliction. Charles sort avec le magistrat.)

SCÈNE VII.

EGERTHON , seul.

Nous la justifierons... la justice du ciel m'ordonne de le croire... quelle main cependant me guidera dans cette obscurité ? Je n'entrevois aucune issue. Valther était ici... Valther est un scélérat, voilà mes seules lumières ; peut-être que Thérèse... La voici.

(Brigite amène Thérèse jusqu'au milieu de la salle. Egerthon vient la prendre par la main , et Brigite se retire.)

SCÈNE VIII.

THÉRÈSE , EGERTHON.

EGERTHON.

Approchez, ma chère enfant ; auprès de moi, nulles craintes, nulle défiance ne doivent vous troubler ; l'amitié n'abuse point des aveux qu'elle obtient, parlez-moi donc avec sincérité.

THÉRÈSE.

Hélas ! monsieur, que pourrais-je vous cacher ? vous connaissez mon cœur mieux peut-être que moi-même.

EGERTHON.

Aussi je ne doute point de votre innocence ; mais je voudrais pouvoir en convaincre les autres. Voyons, rappelez bien toute votre mémoire. Une circonstance fatale se rattache à l'horrible événement de cette nuit. On vous a vue sortir de la chambre où s'est commis le crime, presque à l'instant où il dut s'accomplir... Comment vous y trouviez-vous ?

THÉRÈSE.

Je l'ai dit, monsieur. La foudre venait d'éclater ; de toutes parts on jetait des cris. Je sors, et je vois la flamme dévorer le pavillon où reposait ma bienfaitrice ! éperdue, je m'y précipite... l'incendie m'éclairait... j'entre, je vole à son lit... Ah ! quel horrible spectacle ! madame de Sénange était à demi renversée, j'aperçois un fer plongé dans son sein... je l'arrache... Hélas ! elle n'existait plus... Je me souviens à peine de ce qui s'est passé, jusqu'au moment où votre voix m'a rappelée à la vie.

EGERTHON.

Vous alliez donc la secourir ?

THÉRÈSE.

Oh ! oui, oui, monsieur ! que n'ai-je péri pour la mère de Charles !

EGERTHON.

Pauvre fille ! et c'est elle... Du courage, mon enfant , vous ne devez pas succomber... Dites-moi, maintenant... quand vous vîntes dans cette ferme, quelqu'un ne vous suivit-il pas ? on assure qu'un homme s'y cacha cette nuit, et que cet homme vous est connu.

THÉRÈSE.

Il est vrai, monsieur, mais je croyais que personne ne l'avait aperçu. C'est Valther. A peine Mathurin et sa femme s'étaient-ils retirés, que cet homme cruel s'offrit à mes regards ; jamais il ne m'avait inspiré tant d'effroi ! j'étais tremblante : il voulut profiter de mon trouble, de l'abandon où j'étais, pour m'arracher de ce dernier asile ; son audace, ses discours horribles me rendirent tout mon courage, et j'osai le menacer à mon tour, en le repoussant avec horreur. Alors la haine et la fureur éclatèrent dans ses regards : il fit serment de m'immoler... Épouvantée, je voulus appeler du secours... il saisit un couteau, le leva sur mon sein... il allait l'y plonger, quand un bruit soudain le contraignit à fuir et me sauva de sa fureur.

EGERTHON.

Valther tenta cette nuit de vous assassiner ?... Il me semble qu'à chaque instant je fais un pas vers la vérité... Mais pourquoi n'avez-vous point révélé cet horrible attentat ?

THÉRÈSE.

Je ne l'ai point osé ; je craignais de me trahir moi-même. A présent je n'ai plus rien à cacher.

EGERTHON.

Comment rapprocher tous ces événements divers ?... Dans quel endroit de cette ferme Valther vous a-t-il menacée ?

THÉRÈSE.

Dans la grange : il lui avait été bien facile de m'attirer hors de ma chambre, en prenant votre nom.

EGERTHON.

Votre chambre !... où était-elle située ?

THÉRÈSE.

Hélas ! c'était celle où fut assassinée madame de Sénange.

EGERTHON.

O ciel !... la même, dites-vous ?

THÉRÈSE , avec émotion.

Oui, monsieur ; on me l'avait donnée ; mais, quand madame de Sénange arriva, je courus me cacher dans la ferme.

EGERTHON.

Grand Dieu !... quelle clarté soudaine !... c'est avec un couteau... dans cette chambre...

THÉRÈSE.

Quelle est votre pensée?

EGERTHON.

O mon Dieu! achève de me guider! prêt à saisir le fil de ce dédale horrible, daigne conduire ma main... Et vous, ma fille, vous, qui ne savez pas encore combien les hommes sont injustes, priez le ciel qu'il les éclaire, qu'il m'inspire pour vous sauver! priez, comme l'enfant d'Abraham prêt à périr sur le mont Sinaï.

(Thérèse se prosterne, et joint les mains avec ferveur. Egerthon, debout auprès d'elle, lève les yeux au ciel et semble l'interroger. Dans ce moment le magistrat entre par la porte du fond, et s'arrête en les regardant avec surprise. — Tout-à-coup deux coups de feu se font entendre. Des cris tumultueux les suivent. Thérèse se relève avec effroi.)

MATHURIN, BRIGITE et QUELQUES VILLAGEOIS accourent, en criant dans la coulisse:

Victoire! victoire!

SCÈNE IX.

THÉRÈSE, EGERTHON, LE MAGISTRAT, MATHURIN, BRIGITE, VILLAGEOIS.

THÉRÈSE, se relevant.

Grand Dieu!...

LE MAGISTRAT.

D'où vient ce tumulte, ces cris?...

MATHURIN, accourant.

Monsieur l' magistrat! monsieur l' magistrat, nous l' tenons, le v'là, on l'amène!

LE MAGISTRAT.

Qui donc, mes amis?

MATHURIN.

L'homme que monsieur Picard et vos gens ont vu rôder c'te nuit autour de ma maison.

THÉRÈSE.

Valther!...

EGERTHON.

Il est arrêté?

MATHURIN.

Oui, qu'il l'est; mais, jarni! ça pas été sans peine; c'est pas un homme, monsieur l' magistrat, c'est un diable. Il a tiré sus nous deux coups d' pistolet; enfin on l' tient! mais il est si méchant qui faut tout plein d' précautions, et je v'nons au-d'vant vous d'mander où ce qui faut qu'on l' conduise?

LE MAGISTRAT.

Ici, je veux le voir à l'instant. Retournez vers ceux qui l'amènent, et recommandez de ma part qu'on ne lui fasse aucune question, ni qu'on ne réponde aux siennes.

MATHURIN.

Soyez tranquille, monsieur le magistrat; n'y a pas moyen d' causer avec un homme de c' caractère-là.

LE MAGISTRAT.

Allez promptement, mon ami.

(Mathurin sort.)

BRIGITE.

Prends ben garde, Mathurin, il a p't-êt' encore des pistolets! Allez tous avec mon mari.

(Les villageois suivent Mathurin.)

SCÈNE X.

LE MAGISTRAT, EGERTHON, BRIGITE, THÉRÈSE.

EGERTHON, au magistrat.

Ce ne peut être, soyez-en sûr, sans l'ordre de la Providence que cet homme soit venu se livrer lui-même, à l'instant où j'obtenais, sur le meurtre de cette nuit, des clartés inattendues. J'ose tout espérer... (montrant Thérèse.) du moins en sa faveur. Mais j'ai besoin, monsieur, de votre confiance.

LE MAGISTRAT.

Depuis long-temps elle vous est acquise. Unissons nos efforts. Déja je viens d'apprendre par M. de Sénange des détails importants sur mademoiselle et sur Valther: je joins mes vœux aux vôtres...

(Du bruit dans l'éloignement.)

EGERTHON.

J'entends du bruit... veuillez ordonner qu'on éloigne mademoiselle.

LE MAGISTRAT.

Brigite, emmenez cette jeune personne.

BRIGITE.

Faut-y que j' la renferme?

EGERTHON.

C'est moi qui réponds de Thérèse. On vient... allez, ma fille!

(Brigite emmène Thérèse. Un grand bruit annonce l'arrivée de Valther, qui cherche encore à résister. Mathurin, les domestiques et tous les villageois l'entourent, entrent en foule et le jettent violemment sur la scène. Valther est dans le plus grand désordre, et sa figure annonce le trouble de son ame.)

SCÈNE XI.

EGERTHON, LE MAGISTRAT, VALTHER, MATHURIN, DOMESTIQUES, GARDES, VILLAGEOIS, etc.

MATHURIN, poussant Valther.

Allons, morguenne! avancez! pas de geste!... ou ventregué!... v'là monsieur le magistrat: c'est l'y qui vous d'mande, et n' répliquez pas, parc'que, voyez-vous, il a l' droit d' vous interroger l'y, et vous n'avez pas l' droit d' l'y répondre.

(Valther lui jette un regard furieux. Le magistrat fait signe qu'on s'éloigne un peu. Egerthon ne quitte point Valther des yeux.)

VALTHER, au magistrat.

Je suis étrangement surpris de la violence qu'on se permet envers moi. Vous êtes, dit-on, magistrat ; cela peut être, mais de quel droit me faites-vous arrêter ?

LE MAGISTRAT.

De celui qui m'oblige à veiller à la sûreté publique. Vous êtes étranger, qui vous a conduit dans ce pays ? Qui êtes-vous ?

VALTHER.

Je me nomme Valther : Genève est ma patrie. Je viens du château de Sénange. (Montrant le pasteur.) Monsieur, qui s'y trouvait alors, peut vous dire le motif qui m'y avait conduit : je retourne dans ma famille.

MATHURIN, à part.

Y n'en a p't-êt' pas, d'famille.

LE MAGISTRAT.

Pourquoi prîtes-vous la fuite, et fîtes-vous résistance quand on voulut s'approcher de vous ?

VALTHER.

J'ai dû croire qu'on en voulait à mes jours.

LE MAGISTRAT.

On vous a vu cette nuit près de la ferme de Mathurin.

VALTHER.

C'est une imposture ! je traversais le bois, et n'ai point approché du village.

LE MAGISTRAT.

Deux témoins peuvent attester le contraire.

VALTHER, inquiet.

Qui sont-ils ?

LE MAGISTRAT.

Monsieur de Sénange et l'intendant de sa maison.

VALTHER, avec ironie.

Monsieur de Sénange et son valet !... il est digne en effet de l'amant de Thérèse de chercher à se venger du service que j'ai rendu à sa famille en l'empêchant de se déshonorer. (Montrant encore Egerthon.) Monsieur peut rendre témoignage ; il a vu ma conduite, l'honneur me la prescrivait. Quant à monsieur de Sénange, il n'est pas surprenant qu'aveuglé par l'amour, emporté par la passion, il me regarde comme l'ennemi d'une femme que j'ai fait condamner, et qu'en amant désespéré, ce soit moi qu'il accuse.

LE MAGISTRAT.

Qu'il accuse...

EGERTHON.

Au nom du ciel, ne l'interrompez pas ! (Valther le regarde avec défiance.) Poursuivez, monsieur, vous vous défendez bien. Mais qui donc vous a dit qu'un meurtre avait été commis dans un lieu d'où vous prétendez n'être point approché ?

VALTHER.

Quelle est, s'il vous plaît, votre qualité pour m'interroger ?

LE MAGISTRAT.

Répondez, je vous l'ordonne.

VALTHER, avec humeur.

Le bruit qui s'en est répandu.

LE MAGISTRAT.

Dans un bois ? pendant la nuit ?

VALTHER.

Ne vient-on pas de m'arrêter ? Ces gens eux-mêmes...

MATHURIN.

Il a menti ! personne n'a rien dit, et la preuve d'ça, c'est qu' vous voyez ben qu' monsieur n'sait pas...

EGERTHON.

Silence !...

MATHURIN.

C'est fini, je n'dis pus rien.

LE MAGISTRAT, à Egerthon.

Je ne puis comprendre votre dessein.

EGERTHON.

Recommandez le plus profond silence.

(Le magistrat ordonne qu'on se taise. Le pasteur tire des tablettes, et écrit quelques mots au crayon.)

VALTHER, à part.

Quel piège va-t-on me tendre ?... Ne nous troublons point... il écrit... Que va-t-il faire ?

(Egerthon présente les tablettes au magistrat.)

LE MAGISTRAT, après avoir jeté un regard sur les tablettes et ensuite sur Valther.

Je comprends...

VALTHER, à part, avec trouble.

Tenons-nous sur nos gardes.

LE MAGISTRAT, à Valther.

Vous savez donc, monsieur, que l'infortunée Thérèse est morte assassinée, dans cette ferme ?

MATHURIN.

Thérèse !...

(Egerthon lui fait signe de se taire.)

VALTHER, affectant de l'assurance.

Que trouvez-vous d'étrange à ce que j'en sois instruit ? est-ce un secret ? tout le monde ici ne sait-il pas que Thérèse a péri cette nuit ?

(Tout le monde fait un mouvement ; Egerthon impose silence.)

EGERTHON.

C'en est assez, monsieur le magistrat, je prends sur moi toute la responsabilité d'une accusation, et c'est monsieur que je dénonce comme le seul auteur du meurtre commis cette nuit.

VALTHER.

Moi !

LE MAGISTRAT, à Egerthon.

Prenez garde...

EGERTHON.

Je sais à quoi je m'expose, mais je ne puis reculer devant ma conviction. La seule grace que je vous supplie de m'accorder, c'est de vous assurer de monsieur, de le faire garder, sans qu'il puisse communiquer avec qui que ce soit, et de m'accorder à l'instant un moment d'entretien ; je m'engage à prouver son crime avant qu'il soit une heure.

VALTHER.

Monsieur le magistrat, votre autorité ne va

point jusqu'à retenir un homme qu'aucun indice raisonnable ne peut faire soupçonner.

LE MAGISTRAT.

Vous vous trompez, monsieur : vous entendez qu'on vous accuse. Qu'on ferme l'entrée de cette salle ; que mes gens en gardent toutes les issues, et que personne ne parle à monsieur sous quelque prétexte que ce soit.

MATHURIN.

Je m'charge d'la consigne, et je vous réponds du prisonnier.

BRIGITE , le suivant.

Par exemple, si j'y comprends quelqu' chose!...

MATHURIN, à sa femme.

Va-t'en d'là, c'est ma consigne.

EGERTHON, attirant le magistrat à part.

Le moyen que Dieu m'inspire est étrange, bizarre peut-être, bien dangereux, s'il tourne contre moi-même... mais ma conscience me rassure et m'ordonne de tenter cette épreuve. Venez, monsieur.

(Tous les villageois et domestiques sortent par la cour. Ensuite Mathurin ferme la grande porte du fond. Alors les gens armés se placent aux issues extérieures ; enfin le magistrat, Egerthon , Brigite et Mathurin se retirent les derniers.)

ooooooooooooooooooooooooooooooooooooooooooooooooo

SCÈNE XII.

VALTHER , seul.

Plus je cherche à m'examiner, moins je comprends ce qui m'arrive ! Je n'ai rien dit... je n'ai fait aucun aveu, et cet homme singulier m'accuse tout-à-coup !... Aurais-je sur moi... sur mes vêtements, quelques traces... du sang peut-être !... non, je ne vois rien... ah ! des papiers ! j'en aurais perdu... Ils concernent Thérèse... (Il cherche précipitamment dans ses poches, et en tire plusieurs papiers.) Les voici... rien ne manque... je n'en ai point égaré... prenons garde qu'on ne les aperçoive. (Il se hâte de les cacher.) D'où peut donc venir la persuasion subite du pasteur Egerthon ?... est-elle bien sincère ?... Ne serait-ce point un piége... une feinte pour m'effrayer et me surprendre quelque aveu ?... Il s'entendait avec le magistrat... les gens qui m'ont amené paraissent surpris , étonnés... on les a fait taire... oui , oui , ce n'est qu'un piège qu'on me tend... j'étais perdu si l'on eût profité de mon effroi ! remettons-nous... on me soupçonne, voilà tout ; mais on ne peut avoir ni preuve ni certitude. M. de Sénange et Picard disent m'avoir aperçu... leur témoignage ne suffit point : je les démentirai : aucun autre ne m'a vu, et Thérèse n'existe plus... je n'ai rien à redouter, si je suis maître de moi-même... je le serai! On vient ! je suis bien préparé : de l'audace, et je suis sauvé !

(Les gens armés du magistrat entrent de deux côtés, et garnissent le fond de la salle. Après eux, Mathurin , les

domestiques et tous les villageois entrent par une porte latérale. Ensuite, de l'autre côté, paraissent ensemble le magistrat, Egerthon , Charles et Picard. Valther affecte un grand calme, Charles fait un mouvement d'horreur en apercevant Valther. Egerthon montre au magistrat la porte du fond, qui reste fermée. Enfin les uns se placent, les autres s'avancent, et Valther se trouve en présence du pasteur et du magistrat.)

oooooooooooooooooooooooooooooooooooooooooooooooo

SCÈNE XIII.

PICARD, CHARLES, EGERTHON, LE MAGISTRAT, VALTHER, MATHURIN, DOMESTIQUES , VILLAGEOIS , GENS ARMÉS.

VALTHER , à part.

On veut m'intimider par un grand appareil... je m'y attendais.

LE MAGISTRAT, à Valther.

Monsieur, vous voyez devant vous votre accusateur : vous savez quel crime on vous impute ; un meurtre, un horrible assassinat ! Les renseignements que je viens de recueillir sur vous, sur les circonstances de votre vie, achèvent de vous inculper de la manière la plus grave. (Valther fait un mouvement de surprise, et se remet de suite.) Vous ne parviendrez point à tromper la justice ; mais vous pouvez essayer encore d'apaiser la colère divine, en avouant votre forfait.

VALTHER.

Tout-à-l'heure (montrant le pasteur.) monsieur m'interrogeait pour vous, maintenant vous m'accusez pour lui : sans examiner si ce concert d'intelligence est bienséant et convenable, je veux bien vous répondre, et je n'ai qu'un mot à dire : Je n'étais point ici, je défie qu'on le prouve !

PICARD.

Je vous ai vu, monsieur !

CHARLES.

Moi-même je vous ai poursuivi, cette nuit, près de la grange, les armes à la main...

VALTHER , ironiquement.

Les armes à la main !... Pour reconnaître quelqu'un dans une nuit aussi sombre, il fallait être fort près , et dans ce cas vous avez été bien généreux de ne point faire usage de vos armes. J'ai déja fait connaître les motifs de vos accusations ; je n'y répondrai plus que par le mépris et le silence. (Charles fait un mouvement d'indignation , Égerthon l'arrête... Valther se tourne vers les villageois.) J'en appelle à tous ceux qui m'entourent !... en est-il un seul de vous qui m'ait vu dans la ferme ?... regardez-moi !... ils se taisent, vous le voyez ! quoi ! parmi les habitants de cette ferme, parmi tous ceux du village, pas un seul ne m'a vu, ils sont prêts à l'affirmer... et parcequ'un valet, payé pour mentir, un amant, dont l'imagination troublée poursuit un fantôme, viennent soutenir une imposture évidente, on m'accuse d'un meurtre ! on attente à ma liberté ! Quant à monsieur (montrant Egerthon.)

dont le zèle pourrait bien avoir été trop indiscret, si c'est là toute l'accusation terrible qu'il s'apprêtait à lancer contre moi, elle est aussi ridicule que son action est imprudente, et, pour lui donner à lui-même une leçon plus utile, c'est moi qui vais lui demander raison, devant les tribunaux, de son infâme calomnie,

ÉGERTHON.

Je vous appelle auparavant devant un juge plus redoutable, plus infaillible que les hommes! devant un Dieu vengeur qu'on ne peut abuser. Ce juge inévitable n'a besoin ni de preuves, ni de témoins, ni des aveux du coupable : il voit dans son cœur le crime et le mensonge : il prépare en silence le châtiment qu'il lui réserve, et, dans l'instant où le scélérat croit triompher, sa justice éclate par un prodige, et vient confondre son audace. Il approche pour vous, ce moment redoutable! Malheureux! vous le fuyez en vain! votre conscience vous dit qu'il est venu. Si la justice des hommes, quelquefois impuissante, ne pouvait vous atteindre, un pouvoir surnaturel ouvrirait le tombeau! Votre victime, pâle et sanglante, en sortirait, tenant à la main le fer que vous avez plongé dans son sein; et sa voix, éteinte par le trépas, se ranimerait pour vous accuser!...

VALTHER, troublé.

Moi!...

ÉGERTHON.

Vous-même! vous frémissez!...

VALTHER, cherchant à se remettre.

C'est donc d'indignation!

ÉGERTHON.

C'est d'effroi! de terreur!... Cette justice éternelle, que l'on brave, mais qu'on redoute après le crime, vous a déja frappé! Invoquez-la vous-même, si vous n'êtes point coupable! appelons au jugement de Dieu! Le corps de la victime est là... (Il montre la porte du fond.) Il repose dans le cercueil... Osez en approcher : osez contempler ses traits livides, étendre votre main sur ses restes sanglants, en appelant sur le meurtrier la vengeance céleste, et jurer devant l'Éternel que vous n'êtes point son bourreau!... Vous reculez!... ah! vous avez raison; si vous l'osiez, vous seriez innocent!

VALTHER, avec désordre.

J'y vais.

ÉGERTHON.

Marchez donc, et songez que l'Éternel vous voit!

(Tout le monde s'écarte et laisse un passage jusqu'à la porte du fond. Valther, s'efforçant de maitriser son trouble, s'avance en hésitant et s'arrêtant plusieurs fois. Tous les regards sont fixés sur lui. Quand il est près d'atteindre la porte, elle s'ouvre comme d'elle-même, et Thérèse y parait, couverte d'une robe blanche, les cheveux épars sur les épaules et d'une main montrant Valther.)

SCÈNE XIV.

LES PRÉCÉDENTS, THÉRÈSE.

(Elle s'avance lentement. Épouvanté, hors de lui-même, Valther recule devant elle dans le plus affreux désordre.)

VALTHER.

Ah!... juste Dieu!... arrête... Ombre terrible!... oui, oui, je suis ton meurtrier, j'avoue mon crime... épargne-moi. (Arrivé jusqu'à l'avant-scène, il tombe prosterné. Thérèse s'est arrêtée à quelques pas.) Je publierai ton innocence, mes forfaits... J'en dépose à tes pieds toutes les preuves. (Il jette à terre les papiers qu'il cachait.) Les voilà, les voilà, cesse de me poursuivre!

(Il reste prosterné.)

THÉRÈSE, chancelant.

Soutenez-moi; je me meurs!

(Egerthon, le magistrat et Brigite l'entourent et la soutiennent.)

VALTHER.

Qu'entends-je?... elle respire...

ÉGERTHON.

Du courage, mademoiselle, il est tombé dans le piège, il se trahit lui-même.

VALTHER.

O ciel! qui donc ai-je frappé?

CHARLES.

Misérable! c'est ma mère.

(Il est prêt à se précipiter sur lui. Les gens armés s'avancent. Mathurin s'est empressé de ramasser tous les papiers, et les a remis au magistrat.)

VALTHER.

Sa mère!

ÉGERTHON.

Oui, cruel, c'est madame de Sénange que vous avez assassinée.

VALTHER.

Malheureux!

LE MAGISTRAT.

Qu'on s'empare de lui. (On l'entraîne au fond de la scène. Thérèse a repris ses sens, et tout le monde l'entoure.) Et vous, Thérèse, vous si long-temps persécutée, l'honneur va vous être rendu. Messieurs, reconnaissez dans mademoiselle la comtesse de Volmar, et que l'estime de son amant devienne le prix de ses larmes et la récompense de ses vertus.

(Charles baise la main de Thérèse. — Tableau final.)

FIN DE THÉRÈSE.

PARIS. — IMPRIMERIE NORMALE DE JULES DIDOT L'AÎNÉ, n° 4, boulevart d'Enfer.

9 782329 641331